# 本書の特長と使い方

主要5教科の，定期テストや高校入試によく出るポイントを一問一答式の問題でまとめました。

学習内容1項目（1単元）を1ターを使って，何度も問題にチ

問題が解けるようになったら，チェック欄□に✓をしましょう。

☆ ☆ ☆ 重要度を3段階で示しています。

解答のそばに，問題の解き方や考え方を示した解説を設けています。

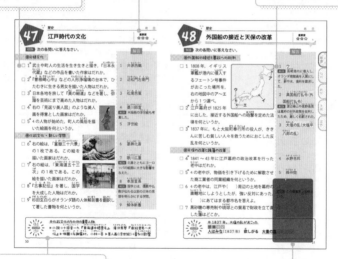

その単元で重要なポイントを簡潔にまとめています。

消えるフィルターで解答をかくして，問題を解いていきます。

 本書に関する最新情報は，小社ホームページにある本書の「サポート情報」をご覧ください。（開設していない場合もございます。）なお，この本の内容についての責任は小社にあり，内容に関するご質問は直接小社におよせください。

# CONTENTS もくじ

写真提供　平等院／徳川美術館イメージアーカイブ／DNPartcom／宮内庁三の丸尚蔵館／ピクスタ／
ColBase(https://colbase.nich.go.jp)　ほか(敬称略)

地理

月　日

# 1 地球のすがた ①

重要度 ☆☆☆

**問題** 次の各問いに答えなさい。

## ◉六大陸と三大洋

- □ 1 地球上の海洋と陸地の割合は，およそ何対何か。
- □ 2 六大陸のうち，最も広い大陸はどの大陸か。
- □ 3 三大洋のうち，最も広い海洋はどの海洋か。
- □ 4* 右の地図1中の a，bの大陸，cの海洋をそれぞれ何というか。

地図1

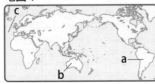

## ◉地球上の位置

- □ 5 同じ緯度を結んだ線を何というか。
- □ 6 同じ経度を結んだ線を何というか。
- □ 7* 右の地図2中のaが示している0度の5を何というか。

地図2

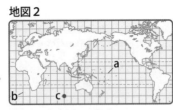

- □ 8* 地図2中のbが示している0度の6を何というか。
- □ 9 8が通るイギリスの首都はどこか。
- □ 10 地図2中のcの経度を，東経か西経かも含めて答えよ。

**解答**

1　7：3

2　ユーラシア大陸
**解説** 最も面積が小さい大陸はオーストラリア大陸。

3　太平洋

4　a南アメリカ大陸
　　bオーストラリア大陸
　　c大西洋

5　緯線

6　経線

7　赤道

8　本初子午線

9　ロンドン
**解説** 本初子午線は，ロンドンの旧グリニッジ天文台を通る。

10　東経90度
**解説** 地図2では，経度15度ごとに経線が引かれている。

得点
アップ
UP

## ◉赤道が通る国

▶ブラジル，コロンビア，エクアドル，キリバス，インドネシア，モルディブ，ソマリア，ケニア，ウガンダ，コンゴ民主共和国，コンゴ共和国，ガボン，サントメ・プリンシペ（ブラジルから順に西に）。

## 2 地球のすがた ②

重要度 ☆☆☆

**問題** 次の各問いに答えなさい。

解答

◉世界地図

□ 1 地球の形をほぼ正確に表すことができる，地球を縮めた模型を何というか。

　1　地球儀

□ 2 右の地図1は，中心からの方位と何が正しくあらわされている地図か。

地図1

サンフランシスコ

東京

　2　距離

□ 3 地図1の図法を何というか。

　3　正距方位図法
　**解説** 正距方位図法では，図の中心と任意の地点を結ぶ直線が最短距離となる。

□ 4 地図1で，東京から見てサンフランシスコはどの方位にあるか。八方位で答えよ。

　4　北東

□ 5 右の地図2は，経線と緯線が直角に交わる図法で描かれている。このような図法を何というか。

地図2

　5　メルカトル図法
　**解説** 方位は正しくない。また，赤道から離れるほど，面積が大きく表される。

□ 6 右の地図3は，モルワイデ図法で描かれた地図である。この地図では，何が正しくあらわされているか。

地図3

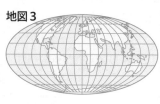

　6　面積
　**解説** 赤道から離れるほど，陸地の形はゆがむ。

得点アップUP

◉地図の利用法
▶正距方位図法→航空図　▶メルカトル図法→航海図
▶モルワイデ図法→分布図

社会 理科 数学 英語 国語

# 3 世界の国々 ①

重要度
☆ ☆ ☆

問題 次の各問いに答えなさい。

解答

◉世界の地域区分と国境線

□ 1 世界は全部でいくつの州に分けられるか。

□ 2 1の中で最も面積が広い州は何州か。

□ 3＊ 右の地図中
のaの州を
何というか。

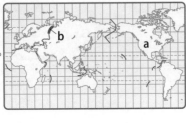

□ 4 地図中の,
ヨーロッパ
州とアジア
州を分けているbの山脈を何というか。

□ 5＊ アジア州とヨーロッパ州にまたがる,世界で最
も面積が大きい国(2021年)はどこか。

□ 6 アジア州とアフリカ州にまたがる国はどこか。

□ 7 アジア州とオセアニア州にまたがる国はどこか。

□ 8 アジア州を細かく区分したとき,インドやパキ
スタンは何という地域に含まれるか。

□ 9 アジア州を細かく区分したとき,サウジアラビ
アやアラブ首長国連邦は何という地域に含まれ
るか。

□ 10＊ 緯線や経線を利用した直線的な国境が多い州は
どこか。

□ 11 他国によって政治的・経済的に支配されている
地域を何というか。

| | |
|---|---|
| 1 | 6つ |
| 2 | アジア州 |
| 3 | 北アメリカ州 |
| 4 | ウラル山脈 |
| | 解説 ロシアの西部にある。 |
| 5 | ロシア(連邦) |
| 6 | エジプト |
| 7 | インドネシア |
| 8 | 南アジア |
| 9 | 西アジア |
| 10 | アフリカ州 |
| 11 | 植民地 |

解説 19世紀以降,アフ
リカ州やアジア州の多くが
欧米諸国の植民地となった。

得点
アップ
UP

◉国境線の種類
▶自然を利用した国境線→山や川,海,湖など。
▶直線的な国境線→経線や緯線を利用。アメリカとカナダの国境線など。

# 4 世界の国々 ②

重要度
☆☆☆

問題 次の各問いに答えなさい。

解答

◉世界の国々の特色

□ 1 国が成り立つために必要な条件を，3 つ答えよ。

□ 2 1 の 3 つの条件を満たし，他国から承認された国を何というか。

□ 3 2 の国は，2021 年現在どのくらいあるか，次から 1 つ選び，記号で答えよ。
ア 約 160　　イ 約 190　　ウ 約 220

□ 4* 右の地図中のニュージーランドのように，国土が海に囲まれている国を何というか。

□ 5* 地図中のモンゴルのように，国土がまったく海に面していない国を何というか。

□ 6* 地図中のニュージーランド，モンゴル，南アフリカ共和国，イギリス，ブラジルのうち，日本から最も遠い国はどこか。

□ 7* 世界で最も面積が小さい国はどこか(2021 年)。

□ 8* 世界で最も人口が多い国はどこか(2021 年)。

□ 9 右の国旗は，どこの国のものか。

**解答**

1　領土，国民，主権(順不同)

2　独立国

3　イ

4　島国(海洋国)

5　内陸国

6　ブラジル

7　バチカン市国
解説 約 0.44 km² で, ローマ市内にある。

8　中 国
(中華人民共和国)

9　イギリス

◉国名の由来
▶人名に由来→アメリカ合衆国，フィリピン，コロンビアなど。
▶地形(地名)に由来→インド，マレーシア，アイスランドなど。

社会 理科 数学 英語 国語

# 5 日本のすがた ①

重要度
☆☆☆

**問題** 次の各問いに答えなさい。

解答

## ◉日本の位置と領域

□ 1 日本列島は（　①　）大陸の東にあり，（　②　）洋の
北西にある。（　）にあてはまる語句を答えよ。

□ 2 日本と同緯度にある国を，次から１つ選べ。
ア オーストラリア　　イ ブラジル
ウ スペイン　　　　　エ フィンランド

□ 3* 右の図は，領域のしく
みを示したものである。
排他的経済水域を図中
のア～エから１つ選
べ。

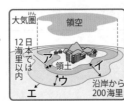

□ 4 日本固有の領土である北方領土を占拠している
国はどこか。

□ 5 韓国は，日本固有の領土で日本海にある島を占
拠している。この島を何というか。

□ 6 中国と台湾が領有を主張している，日本固有の
領土で沖縄県に属している島々を何というか。

□ 7 日本の東端にあり，東京都に属している島を何
というか。

□ 8 日本の西端にあり，沖縄県に属している島を何
というか。

□ 9* 日本の南端にあり，護岸工事をして水没を防い
でいる，東京都に属している島を何というか。

**1**　①ユーラシア
　　②太　平

**2**　ウ
**解説** 日本は，およそ北緯
20～46度，東経122～
154度の間にある。

**3**　ウ
**解説** 排他的経済水域は，
領海の外側で沿岸から200
海里以内の水域である。

**4**　ロシア（連邦）

**5**　竹島

**6**　尖閣諸島

**7**　南鳥島

**8**　与那国島

**9**　沖ノ鳥島
**解説** 排他的経済水域を縮
小させないために，護岸工
事をした。

得点
アップ
UP

◉日本列島を構成する島と面積
▶日本列島→北海道，本州，四国，九州の４島とその他の島々からなる。
▶日本の面積→約38万km²。世界では60位くらいの大きさ。

# 6 日本のすがた ②

重要度
☆☆☆

**問題** 次の各問いに答えなさい。

解答

◉時　差

□ 1 基準となる経線に従って定められている，1つ
の国または地域で共通に用いられる時刻を何と
いうか。

1　標準時

□ 2 日本の標準時子午線が
通る都市を，右の地図
中のア～エから1つ
選べ。

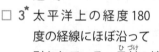
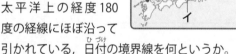

2　ウ

解説 日本の標準時子午線
は，兵庫県明石市を通る東
経135度である。

□ 3 太平洋上の経度180
度の経線にほぼ沿って
引かれている，日付の境界線を何というか。

3　日付変更線

□ 4 3の線を西から東に越えると，日付はどうなる
か。

4　1日もどる
（おくれる）

□ 5 次のア～エの国の中で，最も早く日付が変わる
国を1つ選べ。
ア オーストラリア　　イ ニュージーランド
ウ インド　　　　　　エ ブラジル

5　イ

解説 選択肢の中ではニュ
ージーランドが日付変更線
の西側で日付変更線に最も
近い国。

□ 6 経度15度の差で，何時間の時差が生じるか。

6　1時間

□ 7 本初子午線が通るイギリスと，東経135度を
標準時子午線とする日本の時差は何時間か。

7　9時間

□ 8 日本が2月7日午後1時のとき，ニューヨー
クは何月何日何時か。ニューヨークは西経75
度を標準時子午線としている。

8　2月6日午後11
時

解説 日本とニューヨーク
は135度＋75度＝210度
離れていて，14時間の時
差がある。

得点
アップ
UP

◉時差の求め方
▶時差→経度差÷15。
▶日付変更線をまたぐとき→東経側の日時のほうが進んでいる。

# 7 日本の都道府県

重要度
☆☆☆

問題 次の各問いに答えなさい。

解答

◉日本の都道府県と県庁所在地

□ 1 都道府県は全部でいくつあるか。

□ 2 府をすべて答えよ。

□ 3 面積が最も大きい都道府県はどこか。

□ 4 面積が最も小さい都道府県はどこか。

□ 5 人口が最も多い都道府県はどこか。

□ 6 人口が最も少ない都道府県はどこか。

□ 7* 下の地図中のa～iの都道府県の都道府県庁所在地を答えよ。

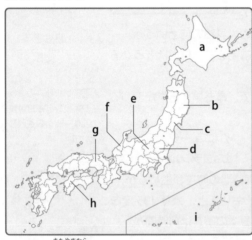

□ 8 和歌山県北山村のように、周囲を別の県に囲まれた地域のことを何というか。

1　47

2　京都府，大阪府

3　北海道

4　香川県

5　東京都

6　鳥取県

7　a 札幌市
　　b 盛岡市
　　c 仙台市
　　d 宇都宮市
　　e 前橋市
　　f 金沢市
　　g 神戸市
　　h 松山市
　　i 那覇市

解説 aは北海道，bは岩手県，cは宮城県，dは栃木県，eは群馬県，fは石川県，gは兵庫県，hは愛媛県，iは沖縄県。

8　飛び地

得点
アップ
UP

◉海に接していない県
▶関東地方→栃木県，群馬県，埼玉県　▶中部地方→山梨県，長野県，岐阜県
▶近畿地方→滋賀県，奈良県

# 8 世界の気候

重要度
☆☆☆

**問題** 次の各問いに答えなさい。

解答

## ◉気候帯の分布

□ 1* 次の地図中のa〜eの気候帯をそれぞれ何というか。

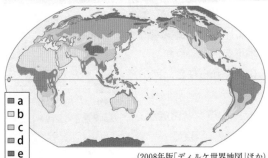

(2008年版「ディルケ世界地図」ほか)

■a
□b
□c
■d
■e

□ 2 熱帯のうち，1年中降水量が多く，密林が広がる地域の気候区を何というか。

□ 3 乾燥帯のうち，降水量がわずかにあり，草原が広がる地域の気候区を何というか。

□ 4 温帯のうち，暖流と偏西風の影響で高緯度でも冬は温和で，1年を通して降水量が平均している気候区を何というか。

□ 5 温帯のうち，日本などで見られる，季節風の影響などで四季の変化がはっきりしている気候区を何というか。

□ 6 寒帯のうち，短い夏にだけ地表の雪や氷が解け，こけ類などが生える地域の気候区を何というか。

1 a 熱 帯
　b 乾燥帯
　c 温 帯
　d 冷帯(亜寒帯)
　e 寒 帯
**解説** 標高の高い地域では気温が低くなり，熱帯でも温和な気候になる。このような気候を高山気候という。

2 熱帯雨林気候

3 ステップ気候

4 西岸海洋性気候
**解説** ヨーロッパ西部などに見られる。

5 温暖湿潤気候
**解説** 大陸の東岸などに見られる。

6 ツンドラ気候

---

得点
アップ
UP

◉気候に影響を与える風

▶ 偏西風→中緯度地方で一年中西から東に吹く風。

▶ 季節風(モンスーン)→季節によって吹く方向が変わる風。

# 9 世界の人々のくらし ①

重要度
☆ ☆ ☆

問題 次の各問いに答えなさい。

解答

## ◉世界の人々の生活と環境

☐ 1 右の写真のような住居が見られる気候帯は何か。

☐ 2 暑い地域の浅い海で，さんご虫の遺骸（いがい）などが積もって形成される，石灰質（せっかいしつ）の地形を何というか。

☐ 3 カナダ北部やアラスカに古くから住む，アジア系の人々を何というか。

☐ 4 シベリアやカナダ，グリーンランドに広がる，1年中凍結（とうけつ）している土壌（どじょう）を何というか。

☐ 5* 森林や草原を焼きはらってできた灰を肥料にして，作物をつくる農業を何というか。

☐ 6* 雨が少ない地方で，過耕作・過放牧や気候の変動などによって植物が減り，不毛な土地が拡大することを何というか。

☐ 7 6の現象が進む，サハラ砂漠（さばく）の南端（なんたん）に帯状に広がる地域を何というか。

☐ 8 砂漠で水が常に得られ，植物が育つところを何というか。

☐ 9 右の写真のように，アンデス山脈の高い地域で見られる，リャマなどを放し飼いにすることを何というか。

**1　熱　帯**
解説 湿気（しっけ）を防ぐための高床式（たかゆか）の住居。

**2　さんご礁（しょう）**

**3　イヌイット**
解説 あざらしやカリブー（野性のトナカイ）などを狩り，魚をとる生活をしてきた。

**4　永久凍土**

**5　焼畑（やきはた）農業**

**6　砂漠化**

**7　サヘル**

**8　オアシス**

**9　放　牧**
解説 農業に向かない標高4,000 m以上の高地で行われている。

得点
アップ
UP

## ◉世界の森林

▶ジャングル→熱帯の雨林。特にアマゾン川流域のものをセルバという。

▶タイガ→冷帯（亜寒帯）（あ）の針葉樹林帯。まつ・もみなどが広がる。

# 10 世界の人々のくらし ②

重要度 ☆☆☆

**問題** 次の各問いに答えなさい。

解答

◉世界の宗教分布

□ 1* 次の地図のa～dの地域でおもに信仰されている宗教を，それぞれ答えよ。

□ a
□ b
□ c
□ d

(2008年版「ディルケ世界地図」ほか)

□ 2 キリスト教，仏教，イスラム教を合わせて，何というか。

◉宗教ときまりごと

□ 3 キリスト教の教典を何というか。

□ 4 イスラム教の教典を何というか。

□ 5 1年に1回，約1か月の間，日の出から日没まで断食を行う宗教は何か。

□ 6 イスラム教徒が金曜日に集まって祈りをささげる礼拝所を何というか。

□ 7 イスラム教徒は，1日5回，聖地に向かって礼拝を行う。その聖地とはどこか。

**1** a キリスト教
　　b 仏教
　　c イスラム教
　　d ヒンドゥー教
**解説** ヒンドゥー教は，インドの民族宗教であるが，信仰者の数では仏教よりも多い。

**2** 三大宗教
**解説** キリスト教の人口が最も多い。次がイスラム教。

**3** 聖書
**解説** 旧約聖書と新約聖書がある。

**4** コーラン
　　（クルアーン）

**5** イスラム教

**6** モスク

**7** メッカ
**解説** サウジアラビアの西部にある。

社会 / 理科 / 数学 / 英語 / 国語

◎民族宗教
▶ユダヤ教→ユダヤ人の民族宗教。キリスト教の母体となった。
▶神道→日本固有の民族宗教。多神教で，自然や祖先などを崇拝する。

# 11 アジア州 ①

重要度
☆ ☆ ☆

問題　次の各問いに答えなさい。

解答

## ◎自然と気候

□ 1* 右の地図中の a の河川, b の山脈, c の河川, d の半島をそれぞれ何というか。

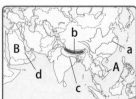

□ 2 右の地図中の A, B の国名をそれぞれ答えよ。

□ 3* アジアの東部や南部の気候に大きく影響を与える, 季節によって風向きが変わる風を何というか。

□ 4 3 の影響によって, 内陸から乾いた風が吹き, 雨がほとんど降らない時期を何というか。

## ◎民族と社会

□ 5 中国の首都はどこか。

□ 6* 中国の人口の約 9 割を占める民族を何というか。

□ 7 複数の民族からなる国家を何というか。

□ 8* 中国で 2015 年に廃止された, 1 組の夫婦に 1 人の子どもしか認めない人口抑制政策を何というか。

□ 9 中国から海外に移住した人々のうち, 移住先の国籍を取得した人を何というか。

□ 10 インド社会で古くから形成された身分制度を何というか。

1 a 長江(揚子江)
b ヒマラヤ山脈
c ガンジス川
d アラビア半島

2 A ベトナム
B サウジアラビア

3 季節風(モンスーン)

4 乾季
解説 雨がたくさん降る時期を雨季という。

5 ペキン(北京)

6 漢族(漢民族)

7 多民族国家

8 一人っ子政策
解説 政策の廃止後はすべての夫婦が 2 人まで子どもをもつことが可能になったが, 2021 年には「3 人まで」と出産制限がより緩和された。

9 華人

10 カースト制度

得点
アップ
UP

## ◎人口の多いアジア(2020 年)

▶中国の人口→約 14.4 億人, インドの人口→約 13.8 億人。

▶アジア州の人口→約 46 億人で世界の人口の約 6 割を占める。

# 12 アジア州 ②

**問題** 次の各問いに答えなさい。

解答

## ◎農業

□ 1 **地図1**中の東北区, 華北, 華中, 華南, 内陸部のうち, 稲作が盛んな地域を2つ答えよ。

**地図1**

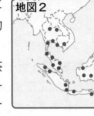

東北区
内陸部　黄河　華北
長江　華中
華南

**1 華中, 華南**
**解説** 東北区では大豆やこうりゃん, 小麦などが, 華北では小麦や綿花, 大豆などの栽培が盛ん。

□ 2 **地図2**中の●で盛んに栽培されている農作物を次から1つ選べ。
ア 天然ゴム　イ 茶
ウ 綿花　エ バナナ

**地図2**

**2 ア**

□ 3 東南アジアで行われている, 1年に2回米をつくることを何というか。

**3 二期作**

□ 4 植民地時代に東南アジアなどの熱帯地域に開かれた大規模な農園を何というか。

**4 プランテーション**

□ 5 インドのデカン高原で盛んに栽培されている農作物は何か。

**5 綿花**

□ 6 米の国別輸出量割合を示した右のグラフの a にあてはまる国はどこか。

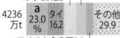

パキスタン10.8
ベトナム12.9
4236万t ┃ a 23.0% ┃ タイ 16.2 ┃ その他 29.9
アメリカ合衆国7.2
(2019年)(2021/22年版「日本国勢図会」)

**6 インド**
**解説** 中国は米の生産量は世界1位(2019年)だが, 自国での消費が多いため, 輸出量では順位が下がる。

□ 7 モンゴルやアラビア半島で見られる, 水や草を求めて移動しながら行う牧畜を何というか。

**7 遊牧**

得点アップ

**◎農業大国・中国の生産量(2019年)**
▶米, 小麦, 綿花(2018年), 茶, じゃがいも, 肉類など→世界1位
▶とうもろこし→世界2位　▶大豆→世界4位

# 13 アジア州 ③

重要度
☆☆☆

**問題** 次の各問いに答えなさい。

解答

## ◉鉱工業

□ 1* 右の地図中の**♯**で産出する鉱産資源は何か。

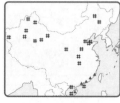

□ 2* 外国の資本や技術を導入するために，中国の沿岸部に設置された，地図中の▲の地区を何というか。

□ 3 急速に工業が発展した，ホンコン，シンガポール，韓国，台湾などの国や地域を何というか。

□ 4 近年インドで盛んな，情報通信技術に関する産業を（　　）産業という。（　　）にあてはまるアルファベット3字を答えよ。

□ 5 石油の埋蔵量の国別割合を示した右のグラフのaにあてはまる国はどこか。

2748
億kL
a
15.0
%
イラン
12.1 9.9 8.4
アラブ首長国連邦5.7
イラク┐ ┌ロシア4.6
その他
38.4
カナダ┘ └クウェート5.9
(2021年)　(2021/22年版「日本国勢図会」)

1　**石　油**
**解説** 中国の石油の産出量は世界6位(2020年)。

2　**経済特区**
　（経済特別区）

3　**アジア NIES**
　（新興工業経済地域）

4　**ICT**
**解説** Information and Communication Technology の略。

5　**サウジアラビア**
**解説** 石油の産出量でも上位の国である。

## ◉アジアの結びつき

□ 6* タイやインドネシアなど10か国が加盟する東南アジア諸国連合をアルファベット5字で答えよ。

□ 7* イランやイラクなどの産油国が利益を守るために，1960年に結成した組織を何というか。

6　**ASEAN**
**解説** 1967年に5か国で発足した。

7　**OPEC(石油輸出国機構)**

**得点アップUP**

**◉中国の経済格差**
▶沿海部→急速に経済が発展。工業生産額が高い。
▶内陸部→工業化が遅れる。ダムや鉄道などを建設し，開発を進めている。

# 14 ヨーロッパ州 ①

**問題** 次の各問いに答えなさい。

解答

社会

理科

数学

英語

国語

◎自然と社会

□ 1 右の地図中の**a**の
山脈，**b**の海洋，
**c**の河川の名称を
答えよ。

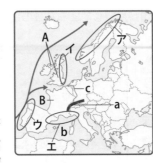

□ 2 氷河によってつく
られた複雑な海岸
線であるフィヨル
ドが見られる地域
を，地図中の**ア～エ**から1つ選べ。

□ 3 地図中の**A**，**B**の国の首都をそれぞれ答えよ。

□ 4 地図中の**c**の河川のように，沿岸国が結んだ条
約によって，どの国も自由に航行できる河川を
何というか。

□ 5 ヨーロッパの気候を比較的温暖にしている，地
図中の →の海流を何というか。

□ 6 ヨーロッパ南部で見られる，夏は高温で乾燥し，
冬は降水量が多くなる気候区を何というか。

□ 7 ヨーロッパ東部やロシアでおもに使われている，
ポーランド語やロシア語などは何系の言語か。

□ 8 ドイツやイギリスなどヨーロッパ北部で，おも
に信仰されているキリスト教の宗派は何か。

**1** **a**アルプス山脈
**b**地中海
**c**ライン川

**2** **ア**
解説 スカンディナビア半
島やグリーンランドで見ら
れる。

**3** **A**ロンドン
**B**パ リ

**4** 国際河川

**5** 北大西洋海流

**6** 地中海性気候

**7** スラブ系(言語)

**8** プロテスタント
解説 その他の地域では，
カトリックや正教会がおも
に信仰されている。

得点
アップ
UP

◎ヨーロッパと北海道の位置

▶フランス南部やスペイン北部の緯度は北海道と同じであるが，北海道
のほうが寒い→ヨーロッパは暖流の北大西洋海流と偏西風の影響に
より比較的温暖。

地理　　　　　　　　　　　　月　日

# 15 ヨーロッパ州 ②

重要度
☆☆☆

問題 次の各問いに答えなさい。

解答

### ◉ EUの歩みと課題

□ 1 ヨーロッパの多くの国が加盟しているEUの正式名称を何というか。

□ 2 EUに加盟していない国を右の地図中のア〜エから1つ選べ。

□ 3 2002年に流通が始まった、EUの共通通貨を何というか。

□ 4 イギリスとフランスを結ぶ、鉄道用の海底トンネルを何というか。

□ 5 右の表は、日本、アメリカ合衆国、EUの2018年のGDP（国内総生産）を示している。EUにあたるものをア〜ウから1つ選べ。

| ア | イ | ウ |
|---|---|---|
| 49,713 | 187,758 | 205,802 |

（単位は億ドル）（2020/21年版「世界国勢図会」）
※表中のEUはイギリスを含む28か国

□ 6 ヨーロッパで森林を枯らすなどの被害をもたらしている、硫黄酸化物や窒素酸化物を含む降雨を何というか。

□ 7 ドイツなどで交通渋滞の緩和と大気汚染の削減を目的として実施している、自動車の都市部への乗り入れを減らす取り組みを何というか。

1 ヨーロッパ連合
（欧州連合）

2 ウ
解説 永世中立国のスイスは、国連には加盟しているが、EUには加盟していない。

3 ユーロ
解説 EU加盟国でユーロを導入しているのは19か国である（2021年4月現在）。

4 ユーロトンネル
解説 ロンドンとパリを約2時間15分で結ぶ。

5 イ
解説 アは日本、ウはアメリカ合衆国。

6 酸性雨

7 パークアンドライド

 得点アップUP

◉ EUによる自由化
▶国境の自由化→加盟国間の移動には、パスポートは必要ない。
▶貿易の自由化→加盟国間の貿易では、輸入品に関税がかからない。

# 16 ヨーロッパ州 ③

重要度
☆☆☆

問題　次の各問いに答えなさい。

解答

### ◎産業と生活

□ 1 右の地図中のア〜エ
のうち，おもに混合
農業が行われている
地域を１つ選べ。

□ 2 高温で乾燥している
夏にぶどう，オリー
ブなどを栽培し，
温暖で降水量が多い冬に小麦などを栽培する農
業を何というか。

□ 3 乳牛などを飼育して牛乳や乳製品を生産する農
業を何というか。

□ 4 地図中のaの海で油田が開発され，イギリスと
ノルウェーは産油国となった。この油田を何と
いうか。

□ 5 オランダの国土の約４分の１を占める干拓地
を何というか。

□ 6 オランダの石油化学工業が発展している地域に
ある，貿易港を何というか。

□ 7 近くに炭田があり，古くから鉄鋼・機械・化学
工業などが発達した，ドイツの地方を何という
か。

1 ア
解説 混合農業とは，小麦
などの穀物の栽培と豚や牛
などの家畜の飼育を組み合
わせた農業。

2 地中海式農業

3 酪農

4 北海油田

5 ポルダー

6 ユーロポート

7 ルール地方
解説 ルール炭田の石炭と
ライン川の水運によって発
展した。

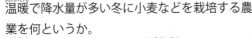

得点
アップ
UP

◎ドイツとフランス
▶ドイツ→ＥＵ最大の工業国で，ルール地方を中心に発達。
▶フランス→ＥＵ最大の農業国で，小麦や大麦，ぶどうなどの生産が盛ん。

社会

理科

数学

英語

国語

地理　　　　　　　　　　　　　　　　月　　日

# 17 アフリカ州 ①

重要度
☆☆☆

**問題** 次の各問いに答えなさい。

解答

## ●自然と社会

□ 1 右の地図中の a の砂漠,
b の河川, c の盆地をそ
れぞれ何というか。

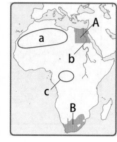

□ 2* 地図中の A, B の国名を
答えよ。

□ 3* アフリカの熱帯で, 乾季
と雨季がはっきりと分か
れた地域に見られる草原を何というか。

□ 4 16 世紀以後, アフリカの多くの黒人が南北ア
メリカ大陸に連行され, (　　)として強制的に
働かされた。(　　)にあてはまる語句を答えよ。

□ 5 20 世紀中ごろまで, アフリカのほとんどの地
域はヨーロッパ諸国に政治・経済面などで支配
されていた。このような地域を何というか。

□ 6 地図中の B の国でかつて行われていた, 白人以
外の人々を政治・経済などのあらゆる分野で差
別する政策を何というか。

□ 7 アフリカなどで都市化が進んだことにより問題
となっている, 衛生状態が悪くせまい住宅が集
まっている地域を何というか。

□ 8 アフリカ諸国の共通の問題を解決するため,
2002 年に結成された組織を何というか。

| | |
|---|---|
| 1 | a サハラ砂漠 |
| | b ナイル川 |
| | c コンゴ盆地 |
| 2 | A エジプト |
| | B 南アフリカ共 |
| | 和国 |
| 3 | サバナ(サバン |
| | ナ) |
| 4 | 奴 隷 |

**解説** 奴隷を売買する貿易
を**奴隷貿易**といった。

| 5 | 植民地 |
|---|---|

**解説** 植民地時代の旧本国
の言語を公用語としている
国が多い。

| 6 | アパルトヘイト |
|---|---|
| | (人種隔離政策) |
| 7 | スラム |
| 8 | アフリカ連合 |
| | (AU) |

得点
アップ
UP

◎アフリカの独立

▶ヨーロッパの植民地であった国々は, 1950 年以降に独立。

→ 1960 年には 17 か国が独立＝「アフリカの年」。

# 18 アフリカ州 ②

重要度 ☆☆☆

問題 次の各問いに答えなさい。

解答

社会 / 理科 / 数学 / 英語 / 国語

## ◎産業と経済

□ 1 右のグラフはある
農作物の国別生産
量割合を示したも
のである。この農
作物は何か。

カメルーン
その他
16.1
エクア
ドル 5.0
5.1
合計
560
万t
コートジ
ボワール
39.0%
6.3
ナイジェリア
インドネシア
14.0
ガーナ
14.5

(2019年)(2021/22年版「日本国勢図会」)

□ 2 植民地時代に開か
れた，特定の農作
物を大量に栽培する大規模な農園を何というか。

□ 3 2で栽培された，販売目的の作物を何というか。

□ 4 携帯電話などの最新の電子機器に多く使われ，
アフリカで産出が多い，コバルトやクロムなど
の希少金属をカタカナで何というか。

□ 5 右の地図中の ● を産地
とする鉱産資源を，次か
ら1つ選べ。
ア 天然ガス
イ 石油
ウ ダイヤモンド
エ 金

□ 6 特定の農作物や鉱産資源の輸出にたよる経済を
何というか。

**1 カカオ豆**
解説 ギニア湾沿岸の国で生産が多い。

**2 プランテーション**

**3 商品作物**

**4 レアメタル**

**5 ウ**
解説 ボツワナ，コンゴ民主共和国，南アフリカ共和国などで生産が多い。

**6 モノカルチャー経済**

得点
アップ
UP

◎アフリカの産業
▶農業→プランテーションでは，コーヒー，カカオ豆などの栽培が盛ん。
▶鉱産資源→金・銅・ダイヤモンドや，レアメタル，石油などが豊富。

# 19 北アメリカ州 ①

重要度
☆☆☆

問題 次の各問いに答えなさい。

解答

●アメリカ合衆国の自然と社会

□ 1* 右の地図中のa，b
の山脈，cの河川，
dの湖を何というか。

西経100度

ア
イ
a
d
ウ
c
エ

□ 2* 地図中のaの東側の
ふもとから西経100
度付近にかけて広がる平原を何というか。

□ 3 アメリカ合衆国の首都を，地図中のア～エから
1つ選べ。

□ 4 カリブ海で発生し，西インド諸島やアメリカ合
衆国南東部をおそう熱帯低気圧を何というか。

□ 5* 北アメリカの先住民を（　　）アメリカンという。
（　　）にあてはまる語句を答えよ。

□ 6* 近年，アメリカで人口が増えているヒスパニッ
クが話す言語は何語か。

□ 7 アメリカ人の生活に欠かせない，広大な敷地に
スーパーマーケットや多くの小売店が集まり，
広い駐車場がある商業施設を何というか。

□ 8 アメリカで生まれた，注文してすぐ食べること
ができるハンバーガーなどの食品を何というか。

□ 9* 世界各地に子会社などをつくり，国際的に活動
する，アメリカ合衆国に多い企業を何というか。

1　aロッキー山脈
　　bアパラチア山
　　　脈
　　cミシシッピ川
　　d五大湖
2　グレートプレー
ンズ
解説 西経100度付近か
らミシシッピ川にかけては
プレーリーが広がっている。
3　ウ
解説 アメリカの首都はワ
シントンD.C.。
4　ハリケーン
5　ネイティブ
6　スペイン語
解説 ヒスパニックは中南
米の国からの移民。
7　ショッピングセ
ンター
8　ファストフード
9　多国籍企業

得点
アップ
UP

●多民族国家アメリカ合衆国

▶ヨーロッパ系，ヒスパニック，アフリカ系，アジア系，先住民族などさま
ざまな民族がくらす→アメリカ社会は「サラダボウル」とよばれている。

# 20 北アメリカ州 ②

重要度
☆☆☆

問題 次の各問いに答えなさい。

解答

社会　理科　数学　英語　国語

## ◎農業

□ 1* 右の地図中の a，b で
おもに栽培されている
農作物はそれぞれ何か。

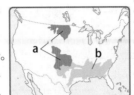

□ 2 アメリカで行われてい
る，大規模な農地で大
型機械を使い，労働者をやとって農作物を大量
に生産する農業を何というか。

□ 3* アメリカで行われている，各地域の気候や土壌
に適した農作物を栽培することを何というか。

□ 4 右のグラフは，ある
農作物の国別生産量
割合を示している。
この農作物は何か。

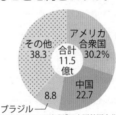

その他
38.3
合計
11.5
億t
アメリカ
合衆国
30.2%
中国
22.7
8.8
ブラジル
(2019年) (2021/22年版「日本国勢図会」)

□ 5 農産物の生産量を増
やしたり，害虫に強
い農作物をつくったりすることができる，生物
のもっている働きを利用した高度な科学技術を
何というか。

□ 6 穀物の国際流通を支配し，その価格にも影響を
与える，大商社を何というか。

□ 7 農作物の生産・加工・販売など農業に関連する
さまざまな産業の総称をカタカナで答えよ。

1　a小　麦
　　b綿　花

2　企業的(な)農業

3　適地適作

4　とうもろこし
解説 アメリカ中西部には
コーンベルト(とうもろこ
し地帯)が広がり，混合農
業が行われている。

5　バイオテクノロ
　ジー
解説 遺伝子組み換えや細
胞融合などの技術がある。

6　穀物メジャー

7　アグリビジネス

得点
アップ
UP
◎アメリカ合衆国の農業
▶西経 100 度は年降水量 500 mm の境界線とほぼ重なる→西側は乾
燥地域で放牧，東側は酪農，とうもろこし，大豆，綿花など。

# 21 北アメリカ州 ③

重要度
★★★

**問題** 次の各問いに答えなさい。

解答

## ◉工業・貿易

□ 1 五大湖周辺のピッツバーグで発展した工業を，
次から1つ選べ。
ア 鉄鋼業　　イ 自動車工業
ウ 製紙業　　エ せんい工業

**1　ア**
**解説** 五大湖周辺のデトロイトでは自動車工業が発展した。

□ 2* ハイテク産業や情報通信
技術（ICT）産業が盛ん
なサンベルトとよばれる
地域は，アメリカ合衆国
の北緯37度以南の地域
である。北緯37度の緯
線を，右の地図中のア～エから1つ選べ。

**2　ウ**
**解説** サンベルトは，温暖で，広い土地と安い労働力が豊富だったため，発展した。

□ 3* ハイテク産業が集中するシリコンバレーとよば
れる地域を，地図中のオ～クから1つ選べ。

**3　カ**

□ 4 アメリカ合衆国の輸出相手国の国別割合を示し
た，次のグラフ中のaにあてはまる国はどこか。

| | | | 中国 ┐ | ┌日本4.5 | |
|---|---|---|---|---|---|
| 1兆6,641億ドル | a 17.8% | EU 16.2 | メキシコ 15.6 | 6.5 | その他 39.4 |

(2019年)　　　　　　　　　(2021/22年版「日本国勢図会」)

**4　カナダ**
**解説** アメリカ合衆国・カナダ・メキシコは北米自由貿易協定（NAFTA）を結んでいたことにより，経済的なつながりが強い（2020年に失効）。

□ 5* アメリカの貿易は，輸出額よりも輸入額が大幅
に多い貿易（　　）になっている。（　　）にあて
はまる語句を答えよ。

**5　赤字**

得点アップUP

◉北アメリカの結びつき
▶ USMCA（米国・メキシコ・カナダ協定）→アメリカ合衆国，カナダ，メキシコの3か国が結んだNAFTA（北米自由貿易協定）に代わる貿易協定。

# 22 南アメリカ州 ①

重要度
☆☆☆

問題 次の各問いに答えなさい。

◉自然と社会

□ 1* 右の地図中の a の山脈，b の河川（かせん）を何というか。

□ 2 地図中の b の河川の流域に広がる熱帯雨林を何というか。

□ 3 小麦やとうもろこしの栽培（さいばい），牛の放牧などが行われている地図中の c の草原を，次から 1 つ選べ。
　　ア カンポ　　イ パンパ
　　ウ サヘル　　エ タイガ

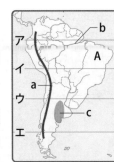

□ 4 地図中の A の国の首都はどこか。

□ 5 赤道を示しているものを，地図中のア〜エから 1 つ選べ。

□ 6 南アメリカでくらす先住民を（　）という。
　　（　）にあてはまる語句を答えよ。

□ 7 6 の先住民が，かつてアンデス山脈一帯に築いた帝国（ていこく）を何というか。

□ 8 南アメリカの先住民とヨーロッパ系移民との混血の人々は何とよばれているか。

解答

1　a アンデス山脈
　　b アマゾン川

2　セルバ

3　イ
解説 カンポはブラジル高原に広がる草原。サヘルはアフリカのサハラ砂漠（さばく）の南に広がる，砂漠化が進んでいる地域。タイガは冷帯（亜寒帯（あ））に広がる針葉樹林帯。

4　ブラジリア

5　ア

6　インディオ
　　（インディヘナ）

7　インカ帝国

8　メスチソ
　　（メスチーソ，メスティソ，メスティーソ）

得点
アップ
UP

◉南アメリカの言語
▶ 16 世紀からスペインやポルトガルに支配され，植民地となった。
　→ブラジルではポルトガル語，その他の多くの国ではスペイン語が公用語。

# 23 南アメリカ州 ②

**問題** 次の各問いに答えなさい。

解答

### ●産業と経済

□ 1 アマゾン川流域では伝統的に（　）農業が行われてきた。（　）にあてはまる語句を答えよ。

**1 焼畑**

□ 2* 地球温暖化対策になる新しい燃料として，さとうきびなどからつくられる燃料を何というか。

**2 バイオエタノール（バイオ燃料）**
**解説** 需要が増えると，穀物価格が高騰したり，農地拡大のために森林伐採が進んだりするおそれがある。

□ 3 右のグラフ1は，ある農作物の国別生産量割合を示している。この農作物は何か。

**グラフ1**

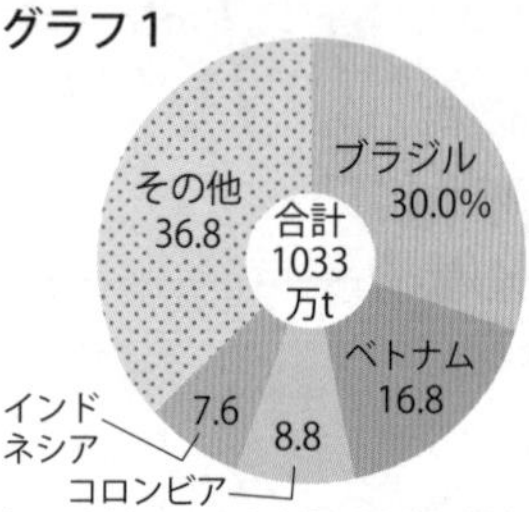

ブラジル 30.0%
その他 36.8
合計 1033万t
ベトナム 16.8
インドネシア 7.6
コロンビア 8.8
(2019年) (2021/22年版「日本国勢図会」)

**3 コーヒー豆**

□ 4* 右のグラフ2は，鉄鉱石の国別生産量割合を示している。グラフ2中のaの国はどこか。

**グラフ2**

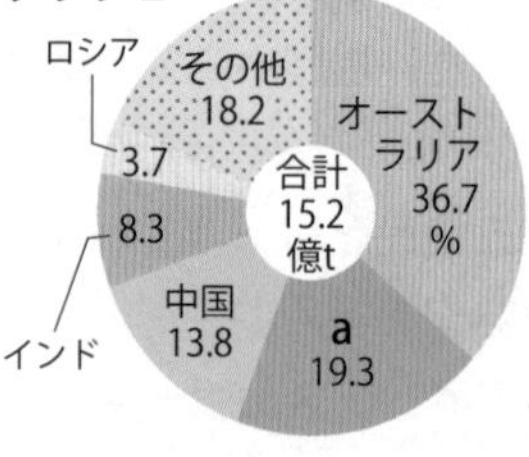

ロシア 3.7
その他 18.2
オーストラリア 36.7%
合計 15.2億t
インド 8.3
中国 13.8
a 19.3
(2018年) (2021/22年版「日本国勢図会」)

**4 ブラジル**
**解説** ブラジルは鉄鉱石，チリとペルーは銅の生産が多い。

□ 5 広大な国土と豊富な資源により著しい経済発展が見られる，ブラジル，ロシア，インド，中国，南アフリカ共和国をまとめてアルファベットで何というか。

**5 BRICS**
**解説** BRICS は，2000 年代以降，急速に経済発展した5 か国の頭文字を組み合わせた造語。広大な国土，多大な人口と低コストの労働力，豊富な天然資源などが共通している。

□ 6 1995 年に南アメリカで発足した，自由な貿易市場を目的とした地域的経済統合を何というか。

**6 南米南部共同市場（MERCOSUR）**

得点
ア\ップ
UP

**◎ブラジルの経済発展**

▶かつては，コーヒー豆などの農作物や鉄鉱石などの鉱産資源の輸出が多かった→工業化が進展し，現在は，機械類や自動車の輸出も多い。

# 24 オセアニア州

地理　　　　　　　　　　　　　　　　　　月　日

重要度
☆☆☆

問題　次の各問いに答えなさい。

解答

◎自然と産業

□ 1 右の地図中の
　　　aの盆地，b
　　　のさんご礁を
　　　何というか。

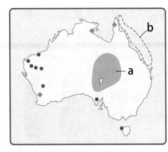

□ 2 オーストラリ
　　　アの首都はど
　　　こか。

□ 3* オーストラリアの先住民を何というか。

□ 4 オーストラリアがかつてとっていた，ヨーロッパ系以外の移民を制限する政策を何というか。

□ 5* 地図中の ● は，ある鉱産資源の産地を示している。この鉱産資源は何か。

□ 6 地図中の◆はアルミニウムの原材料となる鉱産資源の産地を示している。この鉱産資源は何か。

□ 7 オーストラリアの鉱山でとられている，地表から直接掘っていく採掘方法を何というか。

□ 8 右のグラフは，羊毛の国別生産量割合を示している。グラフ中のア～エからオーストラリアにあたるものを1つ選べ。

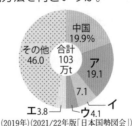

中国 19.9%
その他 46.0
合計 103 万t
ア 19.1
7.1
イ
ウ 4.1
エ 3.8

(2019年)(2021/22年版「日本国勢図会」)

---

1　a 大鑽井盆地（グレートアーテジアン盆地）
　　b グレートバリアリーフ

2　キャンベラ

3　アボリジニ（アボリジニー）

4　白豪主義
解説 現在は，多様な民族や文化を受け入れる多文化主義をとっている。

5　鉄鉱石
解説 西部では鉄鉱石が，東部では石炭が産出される。

6　ボーキサイト

7　露天掘り

8　ア
解説 イはニュージーランド，ウはイギリス，エはトルコ。

---

得点
アップ
UP

◎オーストラリアの貿易相手国

▶かつては，イギリスなどヨーロッパの国々がおもな貿易相手国→現在は，中国や日本などアジアの国々がおもな貿易相手国。

# 25 人類の出現と古代文明

重要度
☆☆☆

**問題** 次の各問いに答えなさい。

解答

### ◉人類のおこり

□ 1 約700〜600万年前にアフリカに現れた，最も古いと考えられる人類を，漢字で何というか。

1 猿人（えんじん）

□ 2 狩りや採集を行い，打製石器（だせいせっき）を使っていた時代を何というか。

2 旧石器時代

□ 3* 右の写真のような，石の表面を磨（みが）いてつくった石器を何というか。

3 磨製石器（ませいせっき）
**解説** 農耕と牧畜（ぼくちく）が始まり，磨製石器や土器を使っていた時代を新石器時代という。

### ◉古代文明の発生

□ 4* 右の地図中のa〜dの地域に生まれた古代文明をそれぞれ何というか。

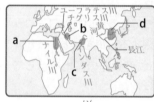

4 aエジプト文明
　bメソポタミア
　　文明
　cインダス文明
　d中国文明

□ 5 紀元前16世紀に中国におこった殷（いん）でつくられた，漢字のもととなった文字を何というか。

5 甲骨文字（こうこつ）
**解説** 亀（かめ）の甲や牛の骨に刻（きざ）まれていた。

□ 6* 紀元前3世紀に中国を統一した秦（しん）の王で，はじめて皇帝（こうてい）を名乗ったのはだれか。

6 始皇帝（しこうてい）

□ 7 秦が滅（ほろ）んだあと，次に中国を統一した王朝を何というか。

7 漢（前漢）（かん，ぜんかん）

□ 8 紀元前6世紀に，孔子（こうし）が説いた教えを何というか。

8 儒教（儒学）（じゅきょう）

□ 9 7世紀はじめにイスラム教を開いた人物はだれか。

9 ムハンマド
（マホメット）

**得点アップUP**

**◉旧石器時代と新石器時代**
▶旧石器時代→打製石器を使い，狩りや採集を行って生活していた時代。
▶新石器時代→磨製石器や土器を使い，農耕と牧畜が始まった時代。

# 26 日本のあけぼの

重要度
☆☆☆

**問題** 次の各問いに答えなさい。

解答

## ◉原始的な人々のくらし

□ 1* 右の①, ②の
土器をそれぞ
れ何というか。

① ②

□ 2* 縄文時代から
つくられていた, 地面に穴を掘って柱を立て,
その上に屋根をかけた住居を何というか。

□ 3* 縄文時代の人々が捨てた食べ物の残りかすなど
が積もってできたあとを何というか。

□ 4* 縄文時代の終わりごろに, 大陸から来た人々に
よって九州北部に伝わった農業は何か。

□ 5 4とともに伝わった金属器は, 鉄器ともう一つ
は何か。

□ 6 弥生時代から建てられた, 収穫した稲の穂を蓄
えるための倉庫を何というか。

## ◉小国分立時代

□ 7 1世紀半ばに, 奴国の王が漢(後漢)の皇帝から
授けられたものは何か。

□ 8* 3世紀ごろに, 30余りの小国を従えていた邪
馬台国の女王はだれか。

□ 9 8の人物は中国の皇帝から銅鏡100枚などを授
かった。この皇帝は何という王朝の皇帝か。

1　①縄文土器
　　②弥生土器

2　たて穴住居

3　貝塚

4　稲作

5　青銅器
**解説** 青銅器は, おもに祭
りのための宝物として使わ
れるようになった。

6　高床倉庫

7　金印
**解説** 江戸時代に福岡県の
志賀島で発見された。

8　卑弥呼

9　魏
**解説**『魏志』倭人伝に記
されている。

---

得点
アップ
UP

## ◉旧石器～弥生時代の遺跡

▶旧石器時代→岩宿遺跡　　▶縄文時代→大森貝塚, 三内丸山遺跡

▶弥生時代→吉野ヶ里遺跡, 登呂遺跡

# 27 大和政権の成立と東アジア

重要度
☆ ☆ ☆

**問題** 次の各問いに答えなさい。

解答

### ◉大和政権の成立と古墳文化

□ 1* 3世紀後半，近畿地方の豪族たちが連合して，王を中心に大和地方につくった政権を何というか。

□ 2　1の王を何というか。

□ 3* 右の写真は，大阪府堺市にある世界最大級の古墳である。この古墳を何というか。

□ 4　3の古墳は，円形と方形を合わせた形をしている。このような形の古墳を何というか。

### ◉中国・朝鮮半島との交流

□ 5* 右の地図は，5世紀の朝鮮半島を示している。地図中のa，bの国を，それぞれ何というか。

a
b——新羅
伽耶
(任那)
倭

□ 6* 朝鮮半島や中国から日本列島に移住し，大陸のすぐれた技術や文化を伝えた人々のことを何というか。

□ 7　朝鮮半島から生産技術が伝わった，高温で焼いた，かたくて黒っぽい土器を何というか。

---

1　大和政権(ヤマト王権)

2　大王(だいおう)

3　大仙古墳(だいせん)
(仁徳陵古墳)(にんとくりょう)

4　前方後円墳(ぜんぽうこうえんふん)
**解説** 兵庫県神戸市の五色塚古墳も有名。

5　a 高句麗(コグリョ)
b 百済(ペクチェ)
**解説** 大和政権は伽耶(任那)(イムナ)地域の国々とつながりを強め，百済と結んで，高句麗，新羅(シルラ)と戦った。

6　渡来人(とらいじん)
**解説** 絹織物(きぬおりもの)をつくる技術，漢字，仏教などを伝えた。

7　須恵器(すえき)

---

得点
アップ
UP

◉古墳からの出土品

▶副葬品(遺体に添えて埋めたもの)→銅鏡，銅剣，鉄製の武具や農具など。

▶埴輪→古墳の周囲に置かれ，円筒型や人・動物などの形をしている。

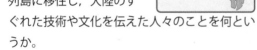

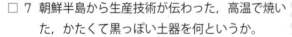

# 28 聖徳太子の政治と飛鳥文化

重要度
☆☆☆

**問題** 次の各問いに答えなさい。

解答

社会　理科　数学　英語　国語

## ◉聖徳太子の政治

□ 1　6世紀の中ごろから，大和政権の中で勢力をのばし，対立した物部氏を滅ぼした豪族は何氏か。

1　蘇我氏

□ 2　聖徳太子がついた，天皇が女性や幼少のときに，天皇の代理として政治を行う役職を何というか。

2　摂政
**解説** 聖徳太子は女性の推古天皇の摂政。

□ 3★　聖徳太子が制定した，家柄ではなく個人の才能で役人を採用する制度を何というか。

3　冠位十二階

□ 4★　聖徳太子が制定した，右の資料に示された役人の心得を何というか。

一に曰く，（　）をもって貴しとなし，さからう（争う）ことなきを宗と（第一に）せよ。
二に曰く，あつく三宝を敬え。三宝とは仏・法（仏教の教え）・僧なり。　（部分要約）

4　十七条の憲法
**解説** 仏教や儒学の考え方が取り入れられている。

□ 5　資料中の（　）にあてはまる語句を答えよ。

5　和

□ 6　6世紀末に，中国を統一した王朝を何というか。

6　隋

□ 7★　中国の制度や文化を学ぶため，607年に6の王朝に派遣された人物はだれか。

7　小野妹子
**解説** 遣隋使として隋に派遣された。

## ◉飛鳥文化

□ 8★　聖徳太子が建てたとされる，右の写真の建物を何というか。

8　法隆寺
**解説** 現存する世界最古の木造建築である。

□ 9★　8の金堂に安置されている，3つの仏像をまとめて何というか。

9　釈迦三尊像

得点
アップ
UP

◉聖徳太子の政治のねらい
▶冠位十二階，十七条の憲法→天皇中心の中央集権国家をつくる。
▶遣隋使→中国の制度や文化を取り入れ，国力を高める。

# 29 律令国家の成立

重要度
★ ★ ☆

問題 次の各問いに答えなさい。

解答

◉中央集権国家へ

□ 1* 645 年に蘇我氏を倒して始まった政治改革を何というか。

1　大化の改新

□ 2* 1 で，中臣鎌足とともに中心となった人物はだれか。

2　中大兄皇子
解説 のちに天智天皇として即位した。

□ 3 1 で打ち出された，全国の土地と人民を国家が直接支配するという方針を何というか。

3　公地（・）公民

□ 4 唐と連合して百済と高句麗を滅ぼした新羅から百済を助けるために，663 年に日本は大軍を送ったが敗れた。この戦いを何というか。

4　白村江の戦い
はくそんこう

□ 5* 天智天皇の死後の 672 年におこった，天皇のあとつぎ争いを何というか。

5　壬申の乱
解説 天智天皇の子の大友皇子と弟の大海人皇子が戦った。

□ 6 5 に勝利して，即位した天皇はだれか。

6　天武天皇

□ 7 6 の皇后である持統天皇が完成させた，日本で最初の本格的な都を何というか。

7　藤原京

□ 8* 701 年，唐の律令にならってできた日本の律令を何というか。

8　大宝律令
解説 律は刑罰のきまり，令は行政のきまり。

□ 9 右の図は，律令国家による地方のしくみを示したものである。a，bにあてはまる役職または役所をそれぞれ何というか。

```
　　　　　　　　地方
　　　　┌──────┴──────┐
　　　　　　　　　　　　〈九州〉
　国（ a ）　　　　　　　　b
　　│　　　　　　　　　　　│
　郡（郡司）　　　　　　国（ a ）
　　│　　　　　　　　　　　│
　里（里長）　　　　　　郡（郡司）
　　さとおさ　　　　　　　　│
　　　　　　　　　　　　里（里長）
```

9　a 国　司
　　b 大宰府

得点
アップ
UP

◉白村江の戦いのあと
▶唐と新羅に攻め込まれるおそれ→大宰府を防衛するために，山城の大野城と，水城をつくった。

# 30 平城京と聖武天皇の政治

重要度 ☆☆☆

問題 次の各問いに答えなさい。

## ◎平城京

□ 1★ 平城京がつくられた現在の都道府県はどこか。

□ 2 平城京は唐の都にならってつくられた。唐の都はどこか。

□ 3 平城京を示した右の図の●のあたりに置かれた、品物を売買するところを何というか。

（図）平城宮／正倉院／大極殿／右京／左京／外京／朱雀大路／東大寺

□ 4★ 3で使用された、708年に発行された貨幣を何というか。

□ 5 平城京に都が置かれてから約80年余りを何時代というか。

## ◎聖武天皇の政治

□ 6★ 仏教の力で国を守るために、聖武天皇が国ごとにつくらせたものは何か。

□ 7★ 聖武天皇が奈良に総国分寺として建てさせた寺を何というか。

□ 8 7に大仏をつくるために聖武天皇に協力するとともに、諸国をまわって布教につとめ、橋や用水路などをつくった僧はだれか。

□ 9★ 日本への渡航に何度も失敗しながら来日し、正しい仏教の教えを伝えた唐の僧はだれか。

### 解答

1　奈良県

2　長安
解説 現在の西安。

3　市
解説 各地から都に送られてきた、さまざまな産物が売買されていた。

4　和同開珎
解説 これより以前に富本銭が発行されている。

5　奈良時代

6　国分寺、国分尼寺
解説 伝染病の流行やききんによって社会不安が広がったため。

7　東大寺

8　行基

9　鑑真

◎710年、平城京がつくられた
ゴロ暗記
なんと（710年）素敵な平城京

# 31 奈良時代の文化と人々のくらし

重要度 ☆☆☆

問題 次の各問いに答えなさい。

解答

◉奈良時代の文化

□ 1 奈良時代に唐の文化や制度を取り入れるために何度も派遣された使節を何というか。

1 遣唐使

□ 2 聖武天皇のころに最も栄えた，国際色豊かな文化を何というか。

2 天平文化

□ 3 右の写真は，聖武天皇の遺品などを納めている東大寺の宝物庫である。これを何というか。

3 正倉院
解説 シルクロードを通って西アジアやインドから伝わった宝物も納められている。

□ 4 大伴家持がまとめたといわれる，天皇や貴族だけでなく，農民や防人の歌も収めた和歌集を何というか。

4 万葉集
解説 万葉仮名で書かれている。

◉奈良時代の人々のくらし

□ 5 6歳以上のすべての男女に口分田を与え，死ぬと国に返させた制度を何というか。

5 班田収授法

□ 6 口分田で収穫された稲の約3%を納める税を何というか。

6 租

□ 7 地方の特産物を納める税を何というか。

7 調

□ 8 労役のかわりに，布を納める税を何というか。

8 庸

□ 9 743年に出された，新しく開墾した土地は，永久に私有してよいという法律を何というか。

9 墾田永年私財法

□ 10 9によって，貴族や寺社などが増やした私有地は，やがて何とよばれるようになったか。

10 荘園

得点アップ

◉人々の身分と負担
▶高い地位の貴族は，調や庸，兵役を免除されたが，農民には重い負担が課された→口分田を捨てて逃亡する農民も多かった。

# 32 平安京への遷都〜摂関政治

重要度 ☆☆☆

社会 理科 数学 英語 国語

問題 次の各問いに答えなさい。

解答

### ◉律令国家の立て直し

□ 1* 794 年に現在の京都市に移した，右の図の都を何というか。

| 大内裏（だいだいり） | |
|---|---|
| 右京（うきょう） | 左京（さきょう） |

□ 2　1 に都を移した天皇はだれか。

□ 3　1 に都が移されてから鎌倉幕府が成立するまでの約 400 年間を，何時代というか。

□ 4　東北地方の蝦夷（えみし）を平定するために，8 世紀末に朝廷（ちょうてい）が坂上田村麻呂（さかのうえのたむらまろ）に任命した役職を何というか。

□ 5* 3 の時代に，遣唐使（けんとうし）の停止を訴（うった）えて認められた人物はだれか。

□ 6* 10 世紀はじめに唐（とう）が滅（ほろ）んだあと，10 世紀後半に中国を統一した王朝を何というか。

□ 7　新羅（しらぎ／シルラ）を倒（たお）して，10 世紀前半に朝鮮半島（ちょうせん）を統一した王朝を何というか。

### ◉摂関政治

□ 8　天皇が成人してから，天皇を補佐（ほさ）して政治を行う役職を何というか。

□ 9* 摂関（せっかん）政治を行って，11 世紀前半に全盛期を築（きず）いた藤原（ふじわら）氏の父子の名を答えよ。

**1　平安京（へいあんきょう）**
解説 政治に介入する奈良の仏教勢力から距離を置くため，京都に移った。

**2　桓武天皇（かんむ）**

**3　平安時代（へいあん）**

**4　征夷大将軍（せいいたいしょうぐん）**
解説 アテルイが率いた蝦夷の強い抵抗にあった。

**5　菅原道真（すがわらのみちざね）**

**6　宋（北宋）（そう・ほくそう）**

**7　高麗（こうらい／コリョ）**

**8　関白（かんぱく）**
解説 摂政（せっしょう）は天皇が女性や幼いときに，天皇の代理（だいり）として政治を行う役職。

**9　藤原道長（ふじわらのみちなが），頼通（よりみち）**

得点 アップ UP

◎ 894 年に菅原道真の訴えによって遣唐使が停止された
ゴロ 暗記
白紙（894 年）になったよ　遣唐使

# 33 平安時代の文化

重要度
☆ ☆ ☆

問題 次の各問いに答えなさい。

解答

## ◉平安時代の仏教

□ 1* 比叡山に延暦寺を建て，天台宗を広めた僧はだれか。

1　最澄

□ 2* 高野山に金剛峯寺を建てた空海が広めた，仏教の宗派を何というか。

2　真言宗

□ 3* 阿弥陀仏にすがって念仏を唱えると，極楽浄土へ生まれ変わることができるという信仰を何というか。

3　浄土信仰
解説 疫病や災害によって社会不安が高まったことが背景にある。

□ 4* 3に基づいて藤原頼通が建てた，右の写真の阿弥陀堂を何というか。

4　平等院鳳凰堂

## ◉平安時代の文化

□ 5* 平安時代の中ごろに最も栄えた，日本人の生活や感情に合った文化を何というか。

5　国風文化

□ 6* 平安時代の初期に，日本語の発音を表せるように，漢字を変形してつくられた文字を何というか。

6　仮名（かな）文字

□ 7* 紫式部が書いた，貴族の恋愛や生活を描いた小説を何というか。

7　源氏物語

□ 8* 随筆の『枕草子』を書いた人物はだれか。

8　清少納言

□ 9* 天皇の命令によって，紀貫之らが編集した和歌集を何というか。

9　古今和歌集

得点
アップ
UP

◉国風文化の特徴
▶貴族中心→摂関政治のころに最も栄えた。
▶仮名文字→おもに女性が使用し，女性による文学作品が多く生まれた。

# 34 武士の成長と院政

重要度
☆☆☆

問題 次の各問いに答えなさい。

解答

社会

理科

数学

英語

国語

◎武士の成長と天皇家の争い

□ 1 有力な武士を中心に，主従関係によって結びつ
　　いた武士の集団を何というか。

□ 2 10世紀の中ごろに，
　　右の地図中のa，b
　　でおこった武士の反
　　乱をそれぞれ何とい
　　うか。

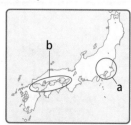

□ 3* 成長した1の中で
　　有力となった一族を2つ答えよ。

□ 4 東北地方を統一し，平泉を本拠地にして3代
　　にわたって栄えた豪族は何氏か。

□ 5 4の初代清衡が平泉に建立した，金箔が用いら
　　れた阿弥陀堂を何というか。

□ 6* 天皇は，位を譲ったあと，法皇のほかに何とよ
　　ばれたか。

□ 7* 6が，摂政や関白の力をおさえ，実権を握って
　　行う政治を何というか。

□ 8 1086年に7の政治を始めた上皇はだれか。

□ 9 1156年に，天皇家の争いと藤原氏の争いが結
　　びついておこった戦いを何というか。

□ 10 1159年に，平清盛と源義朝の争いなどが原
　　因でおこった戦いを何というか。

**1** 武士団

**2** a 平将門の乱
　　 b 藤原純友の乱

**3** 平氏，源氏
解説 平氏も源氏も天皇の
子孫。平氏は桓武天皇の子
孫，源氏は清和天皇の子孫。

**4** 奥州藤原氏

**5** 中尊寺金色堂

**6** 上皇

**7** 院政
解説 院とは上皇やその住
まいのこと。

**8** 白河上皇

**9** 保元の乱

**10** 平治の乱
解説 平清盛が勝利して，
勢力をのばした。

得点
アップ
UP

◎土地が貴族や寺社に寄進された理由
▶有力貴族や寺社に土地を寄進→租税を免除してもらえたり，国司などの
立ち入りを拒否できたりした。

# 35 平氏の滅亡と鎌倉幕府の成立・展開

重要度 ☆☆☆

**問題** 次の各問いに答えなさい。

解答

## ●平氏の繁栄と滅亡

☐ 1* 武士として初の太政大臣となった人物はだれか。

1　平清盛

☐ 2* 壇ノ浦(山口県)で平氏を滅ぼした,源頼朝の弟である人物はだれか。

2　源義経

## ●鎌倉幕府の成立・展開

☐ 3* 1185年,源頼朝は国ごとに( ① )を,荘園や公領ごとに( ② )を置くことを朝廷に認めさせた。( )にあてはまる語句を答えよ。

主従関係

●守護・地頭の任命
●領地を与える
（ ① ）
将軍 → 御家人
（ ② ）
●忠誠をつくす
●戦いにでる
●京都大番役などの奉仕

3　①守護
②地頭

**解説** 義経をとらえることを口実にして朝廷に認めさせた。

☐ 4* 右の図は,鎌倉幕府の主従関係のしくみを示している。( )にあてはまる語句を答えよ。

4　①御恩
②奉公

☐ 5* 朝廷の権力を回復するために,1221年に後鳥羽上皇が鎌倉幕府に挙兵した戦いを何というか。

5　承久の乱

**解説** 敗れた後鳥羽上皇は隠岐(島根県)に流された。

☐ 6　5のあと,朝廷の監視や西国の武士の統率のために京都に置かれた役職は何か。

6　六波羅探題

☐ 7* 1232年に制定され,御家人に裁判の基準を示した,右の資料の法律を何というか。

— 諸国の守護の職務は,頼朝公の時代に定められたように,京都の御所の警備と,謀反や殺人などの犯罪人の取りしまりに限る。

7　御成敗式目(貞永式目)

得点
アップ
UP

**●武家政権の成立**

▶平氏の滅亡後,源頼朝が鎌倉幕府を開く→将軍と御家人の間で,御恩と奉公という主従関係を築き,全国を支配。

# 36 武士・民衆の生活, 鎌倉時代の文化

重要度 ☆☆☆

**問題** 次の各問いに答えなさい。

解答

社会 / 理科 / 数学 / 英語 / 国語

## ◎武士・民衆の生活

- □ 1 武士の一族の長を何というか。
- □ 2 鎌倉時代の, 武家での財産相続はどのような形態か。
- □ 3 荘園領主と地頭との対立が激しくなると, 荘園領主は地頭に土地の半分を分け与えることもあった。これを何というか。
- □ 4 近畿地方を中心に始まった, 米の裏作に麦をつくる農業を何というか。
- □ 5 寺社の門前や交通の要地で月に数回開かれた市を何というか。

## ◎鎌倉文化

- □ 6 平家一門の盛衰を描いた軍記物の傑作は何か。
- □ 7 鎌倉時代に再建された, 右の写真の門を何というか。
- □ 8 7の門に設置されている, 運慶や快慶らがつくった彫像を何というか。
- □ 9 下の表は, 鎌倉時代の新しい仏教の特徴を示している。表中の①〜⑤に入る人物はだれか。

| | | | | |
|---|---|---|---|---|
| 念仏宗 | 浄土宗 | ① | 念仏を唱え, 阿弥陀 | 浄土信仰を継承 |
| | 浄土真宗 | ② | 仏にすがれば極楽往 | 悪人こそ救われる |
| | 時宗 | ③ | 生ができる | 踊念仏 |
| | 日蓮宗 | 日蓮 | 題目を唱える | |
| 禅宗 | 臨済宗 | ④ | 座禅を行い, 自力で | 幕府の保護 |
| | 曹洞宗 | ⑤ | さとる | 地方武士が信仰 |

### 解答欄

**1** 惣領(棟梁)

**2** 分割相続

**解説** あとつぎ以外の者や女性にも土地を相続する権利があった。

**3** 下地中分

**解説** 地頭に荘園の支配をゆだねる代わりに, 地頭に一定の年貢を請け負わせる地頭請も行われた。

**4** 二毛作

**5** 定期市

**6** 平家物語

**解説** 琵琶法師が各地で語り伝え, 広まった。

**7** 東大寺南大門

**8** 金剛力士像

**9** ①法然
　　②親鸞
　　③一遍
　　④栄西
　　⑤道元

---

得点アップ　◎鎌倉時代の産業の発達

▶農業→鉄製の農具や牛馬, 草木灰を用いた肥料の利用が広まった。

▶手工業→鍛冶や染物などの手工業を専門職とする者が登場した。

39

# 37 元寇～鎌倉幕府の滅亡

重要度
☆ ☆ ☆

**問題** 次の各問いに答えなさい。

解答

## ◎元　寇

□ 1 モンゴル帝国の第5代皇帝で，国号を元とした人物はだれか。

□ 2 1の人物は，日本が元に服属するよう要求してきた。このときの鎌倉幕府の執権はだれか。

□ 3 1274年，元軍は九州北部に襲来した。この戦いを何というか。

□ 4 1281年，元軍は再び九州北部に襲来した。この戦いを何というか。

□ 5 3と4の襲来を合わせて何というか。

## ◎鎌倉幕府の滅亡

□ 6 生活苦の御家人を救うために，1297年に鎌倉幕府が出した右の資料の法律を何というか。

> 領地の質入れや売買は，御家人の生活が苦しくなるもとなので，今後は禁止する。(部分要約)

□ 7 鎌倉幕府や荘園領主に不満をもち，反抗した武士を何というか。

□ 8 天皇中心の政治を復活させるために，鎌倉幕府に不満をもつ武士らによびかけて挙兵し，1333年に幕府を滅ぼした天皇はだれか。

□ 9 8の天皇に協力して，京都の六波羅探題を攻めた有力御家人はだれか。

---

1　フビライ=ハン

2　北条時宗

3　文永の役

4　弘安の役
**解説** 博多湾沿岸に防塁を築き，元軍を上陸させなかった。

5　元寇(蒙古襲来)

6　(永仁の)徳政令
**解説** あまり効果はなく，幕府は信用を失った。

7　悪　党

8　後醍醐天皇
**解説** 倒幕の動きを進めるなかで，一度は隠岐(島根県)に流されるなど，最初は失敗した。

9　足利尊氏

---

得点
アップ
UP

◎モンゴル帝国による東西文化の交流
▶ 火薬，羅針盤，活版印刷術→中国からヨーロッパに伝えられる。
▶ マルコ=ポーロ→フビライに仕え，『世界の記述』(『東方見聞録』)を執筆。

# 38 南北朝の動乱と室町幕府, 日明貿易

重要度
☆☆☆

社会
理科
数学
英語
国語

**問題** 次の各問いに答えなさい。

解答

## ◉南北朝の動乱と室町幕府

□ 1 鎌倉幕府の滅亡後, 後醍醐天皇が始めた天皇中心の政治を何というか。

**1 建武の新政**
**解説** 公家を重視する政策をとったため, 武士たちは反発を強めた。

□ 2 武家政治の復活をよびかけて兵をあげ, 1 の政治を終わらせた武将はだれか。

**2 足利尊氏**

□ 3 1 のあとに 2 つの朝廷が並び, 動乱が続いた約 60 年間を何時代というか。

**3 南北朝時代**

□ 4 3 の時代の 2 つの朝廷を合一し, 室町幕府の全盛期を築いた第 3 代将軍はだれか。

**4 足利義満**
**解説** 義満は京都の室町の邸宅で政治を行ったので, 室町幕府とよばれた。

□ 5 右の図の（　）にあてはまる将軍の補佐役を何というか。

室町幕府のしくみ

将軍 ─┬─ 侍所
　　　├─（　）─┬─ 政所
　　　│　　　　├─ 問注所
　　　├─ 鎌倉府
　　　└─ 守護・地頭

**5 管領**
**解説** 斯波氏, 畠山氏, 細川氏が交代で任命されたので, この三家を三管領という。

□ 6 一国を支配する領主にまで成長した守護を何というか。

**6 守護大名**

## ◉日明貿易

□ 7 13 世紀末から 16 世紀に, 朝鮮半島や中国大陸の沿岸で海賊行為を働いた集団を何というか。

**7 倭寇**

□ 8 日本と明との貿易で, 7 と正式な貿易船を区別するために使用された, 右の図のような合い札を何というか。

**8 勘合（勘合符）**
**解説** 正式な貿易船は左半分をもち, 明で右半分と照合した。

---

得点
アップ
UP

◉勘合貿易での日本の輸入品
**ゴロ暗記**
**勘合は　どうせ**（銅銭）　**ききん**（生糸, 絹織物）で　**豆乳**（陶磁器, 輸入品）を飲む

# 39 東アジアの情勢, 室町時代の産業と文化

重要度
☆☆☆

**問題** 次の各問いに答えなさい。

### ◉東アジアの情勢

□ 1* 14世紀末に李成桂（イソンゲ）が高麗（コリョ）を滅ぼして，建てた王朝を何というか。

□ 2* 15世紀初めに，尚氏が沖縄本島を統一して建てた王国を何というか。

□ 3* 本州からわたってきた人々と交易した，蝦夷地（北海道）の先住民族を何というか。

### ◉産業の発達

□ 4* 高利貸しを営んだ質屋を何というか。

□ 5* 港などで倉庫業や運送業を営んだ業者を何というか。

□ 6* 商工業者が結成した同業組合を何というか。

### ◉室町文化

□ 7* 足利義満が京都の北山に建てた右の建物を何というか。

□ 8* 猿楽や田楽をもとに，観阿弥と世阿弥の親子が大成した芸能を何というか。

□ 9* 足利義政が京都の東山に建てた右の建物を何というか。

□ 10* 畳が敷きつめられ，床の間やちがい棚などがある住宅様式を何というか。

## 解答

**1　朝鮮（朝鮮国）**
**解説** ハングルという独自の文字がつくられた。

**2　琉球王国**
**解説** 輸入品を他国に輸出する中継貿易で栄えた。

**3　アイヌ民族**
**解説** 和人（本州の人々）はアイヌ民族を圧迫した。

**4　土倉**
**解説** 酒屋も高利貸しを営んだ。

**5　問（問丸）**

**6　座**

**7　金閣**
**解説** 足利義満のころの文化を北山文化という。

**8　能（能楽）**
**解説** 観阿弥と世阿弥は足利義満の保護を受けた。

**9　銀閣**
**解説** 足利義政のころの文化を東山文化という。

**10　書院造**
**解説** 現在の和室の原型となった。

**得点アップUP**

### ◉手工業の発達

▶ 絹織物→京都の西陣織，博多（福岡県）の博多織。

▶ 陶磁器→尾張（愛知県）の瀬戸焼，備前（岡山県）の伊部焼（備前焼）。

# 40 民衆の成長，応仁の乱と戦国大名

重要度
☆☆☆

**問題** 次の各問いに答えなさい。

## ●民衆の成長

□ 1\* 農村で有力な農民を中心に形成された自治組織を何というか。

□ 2 1で村のおきてなどを決めるために開かれた，農民の自治的な会合を何というか。

□ 3\* 右の資料に見られるように，借金の帳消しなどを求めて行われた農民の一揆を何というか。

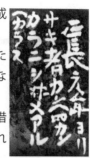

## ●応仁の乱と戦国大名

□ 4\* 応仁の乱のときの将軍はだれか。

□ 5 浄土真宗の信徒たちが，近畿や北陸，東海地方などで盛んにおこした一揆を何というか。

□ 6\* 応仁の乱のころから見られた，身分の下の者が上の者を実力で倒す風潮を何というか。

□ 7\* 6の風潮の中で，守護大名を倒すなどして，実力で領国を支配した大名を何というか。

□ 8 7の大名が，城の周りに家来や商工業者を集めてつくった町を何というか。

□ 9\* 7の大名が領国を支配するために出した，右の資料のような法律を何というか。

> 一 けんかをした者は，いかなる理由による者でも処罰する。
> （甲州法度之次第）

### 解答

**1** 惣（惣村）
**解説** 戦乱から村を守るために生まれた。

**2** 寄合

**3** 土一揆
**解説** 土一揆は1428年におこった正長の土一揆の碑文。

**4** 足利義政
**解説** 応仁の乱は将軍のあとつぎ争いに，守護大名の山名氏と細川氏の対立が結びついておこった。

**5** 一向一揆
**解説** 1488年におこり，約100年にわたり自治を行った加賀の一向一揆が有名。

**6** 下剋上

**7** 戦国大名
**解説** 守護大名から戦国大名になる者もいた。

**8** 城下町

**9** 分国法（家法）

得点
アップ
UP

### ●応仁の乱の影響

▶ 幕府や守護大名が弱体化→家臣や地侍が力をつけ，下剋上の世に。

社会
理科
数学
英語
国語

# 41 ヨーロッパ人の世界進出

重要度
★ ★ ★

**問題** 次の各問いに答えなさい。

解答

## ●キリスト教の世界とルネサンス

□ 1* ローマ教皇を首長とする，キリスト教の教会を何というか。

1　カトリック教会

□ 2* 16世紀にルターやカルバンが1の教会の免罪符(贖宥状)販売に抗議しておこした，キリスト教の改革運動を何というか。

2　宗教改革

□ 3* 2の改革運動によって生まれた，キリスト教の新しい宗派を何というか。

3　プロテスタント
**解説** 「抗議する者」という意味である。

□ 4* 14世紀にイタリアからおこった，古代ギリシャ・ローマの文化を理想とする新しい文化を生み出そうとした動きを何というか。

4　ルネサンス
　（文芸復興）

## ●新航路の開拓

□ 5* 右の地図は，15～16世紀にヨーロッパ人が開拓した新航路を示している。地図中のa～cは，それぞれだれの航路か。

■スペインの領土
■ポルトガルの領土
ポルトガル
カリカット
スペイン
喜望峰

5　aコロンブス
　bバスコ=ダ=ガマ
　cマゼラン船隊
**解説** マゼランは1521年にフィリピンで死亡したが，その後，部下が世界周航を成しとげた。

□ 6* 1549年に鹿児島に到着して，日本にキリスト教を伝えた人物はだれか。

6　フランシスコ=ザビエル
**解説** ザビエルはイエズス会の宣教師。

□ 7* 16世紀の中ごろから始まった，スペイン人，ポルトガル人と日本との貿易を何というか。

7　南蛮貿易

得点
アップ
UP

◎ルターとカルバン

▶ルター→ドイツ人。教会を批判し，破門される。ドイツ語訳聖書を刊行。

▶カルバン→スイスで活動。労働は神聖なものと主張した。

# 42 天下統一へのあゆみ

重要度 ☆☆☆

社会 | 理科 | 数学 | 英語 | 国語

問題 次の各問いに答えなさい。

解答

## ◉織田信長の統一事業

□ 1 右の図に描か
れた長篠の戦
いで織田信長
が有効に利用
した武器は何
か。

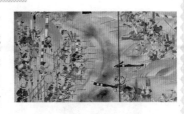

1 **鉄砲**

解説 織田信長と徳川家康
の連合軍は鉄砲を有効に利
用して,武田勝頼の軍に勝
利した。

□ 2★ 織田信長が安土城下などで行った,市場の税を
免除したり,座の特権を廃止したりして,商工
業の発展を図る政策を何というか。

2 **楽市・楽座**

解説 各地の関所を廃止す
る政策も行った。

□ 3 1582年に,織田信長が家臣の明智光秀に攻め
られて,自害した事件を何というか。

3 **本能寺の変**

## ◉豊臣秀吉の全国統一

□ 4★ 豊臣秀吉が全国的に行った,田畑の面積や収穫
量の調査を何というか。

4 **太閤検地**

解説 収穫量は,米の体積
である石高で表した。

□ 5★ 豊臣秀吉が行った,農民などから刀や弓,鉄砲
などを取り上げた政策を何というか。

5 **刀狩**

□ 6★ 4や5の政策によって,武士と農民の身分の区
別が進んだ。このことを何というか。

6 **兵農分離**

□ 7★ 豊臣秀吉は,明を征服するための協力と服従を
拒否した(　)に,1592年に大軍を送った。
(　)にあてはまる国名を答えよ。

7 **朝鮮**

解説 豊臣氏が没落する原
因となった。

得点
アップ
UP

◉信長と秀吉のキリスト教政策
▶信長→仏教勢力に対抗するため,キリスト教を保護した。
▶秀吉→最初は保護したが,のちに宣教師を追放。貿易は続けた。

# 43 桃山文化

重要度
★★★☆

**問題** 次の各問いに答えなさい。

解答

## ◉安土桃山時代の文化

□ 1 城主の権威を示すために大阪城や姫路城などに
は高くそびえる（　　）がつくられた。（　　）に
あてはまる語句を答えよ。

1 天守閣

□ 2 安土城や大阪城などで障
壁画を描き，右の作品が
代表作である画家はだれ
か。

2 狩野永徳
**解説** 絵は「唐獅子図屏風」。

□ 3 大名や大商人たちの間で流行した，抹茶をたて
て，客をもてなす生活文化を何というか。

3 茶の湯

□ 4 豊臣秀吉に仕え，3を大成した人物はだれか。

4 千利休

□ 5 京都でかぶき踊りを始め，人気を集めた女性は
だれか。

5 出雲の阿国

□ 6 琉球から伝わった三線をもとにつくられた楽器
を何というか。

6 三味線

□ 7 節をつけて物語を語る芸能で，安土桃山時代に
は6の楽器で伴奏するようになったものを何と
いうか。

7 浄瑠璃

□ 8 桃山文化の特徴を，次から1つ選べ。
ア 繊細　　イ 簡素　　ウ 幽玄　　エ 豪華

8 エ
**解説** 戦国大名や大商人の
気風を反映している。

□ 9 安土桃山時代に，ヨーロッパの文化に影響を受
けて成立した文化を何というか。

9 南蛮文化

---

得点
アップ
UP

◉豪華で壮大な桃山文化は信長・秀吉のころの文化
**ゴロ暗記**
**豪華**（豪華で壮大）な**桃**（桃山文化）を　食べる秀吉

# 44 江戸幕府の成立と鎖国体制

重要度
☆☆☆

**問題** 次の各問いに答えなさい。

解答

◎江戸幕府の成立と幕藩体制の確立

□ 1 徳川家康が征夷大将軍に任命され，江戸に幕府を開いたのは西暦何年か。

1 1603年
**解説** 以後，260年余り続いた時代を江戸時代という。

□ 2 江戸幕府が大名を統制するために制定した法律を何というか。

2 武家諸法度

□ 3 大名に，1年ごとに領地と江戸を往復させるようにした制度を何というか。

3 参勤交代

□ 4 将軍に直属して，幕府の政治全体を取りしきった，右の図中のaの職を何というか。

```
          ┌ 大老
          │        ┌ 大目付…大名・役人の監視
          │        ├ 町奉行…江戸の行政・警察・裁判
          ├ a ─────┤ 勘定奉行…幕府の財政・幕領の管理
将軍 ──────┤        └ 遠国奉行…幕府の直轄都市の行政
          ├ 若年寄… aを助ける
          ├ 寺社奉行…寺社の取り締まり
          ├ 京都所司代…朝廷・西国大名の監視
          └ 大阪城代…大阪城の警備など
```

4 老中
**解説** 老中は常設の最高職。非常時の最高職として，大老が置かれることもあった。

◎鎖国体制

□ 5 徳川家康が大名や豪商に海外渡航を許可する証書を与え，盛んに行った貿易を何というか。

5 朱印船貿易
**解説** 1635年に日本人の海外渡航と帰国が禁止されるまで続いた。

□ 6 1637年に天草四郎を大将に，重税とキリスト教迫害に反対しておこった一揆を何というか。

6 島原・天草一揆

□ 7 江戸幕府は，キリスト教徒を発見するために，キリストや聖母マリアの像を踏ませた。これを何というか。

7 絵踏

得点
アップ
UP

◎中国・オランダとの貿易品
▶ 輸入品→生糸，絹織物，薬，砂糖など。キリスト教の書物は禁止。
▶ 輸出品→金，銀，銅，陶磁器，海産物など。

社会　理科　数学　英語　国語

## 45 さまざまな身分,産業・交通の発達　重要度 ☆☆☆

問題 次の各問いに答えなさい。

解答

### ●身分制度の確立

□ 1* 右のグラフは，江戸時代末期の身分別人口構成を示したものである。a〜cにあてはまる身分は何か。

差別された人々 約1.5
公家・神官・僧侶，その他 約1.5
c 約5
b 約7

総人口 約3,200万人

a 約85%

（「近世日本の人口構造」）

1　a 百姓
　　b 武士
　　c 町人
解説 百姓は主に農民からなる。

□ 2 土地をもつ1を何というか。

2　本百姓

□ 3 2に対し，土地をもたずに2から土地を借りて耕作する1を何というか。

3　水のみ百姓

□ 4 村の自治をになった村役人のうち，村の責任者として政治をつかさどった者を何というか。

4　庄屋(名主)
解説 村役人にはほかに，組頭と百姓代があった。

### ●産業・交通の発達と都市の繁栄

□ 5* 17〜18世紀に行われた，耕地を新しく開発することを何というか。

5　新田開発

□ 6 江戸時代に発明された，土を深く耕すことができる，右の絵の農具を何というか。

6　備中ぐわ

□ 7 東北地方の米などを，日本海側から大阪へ運ぶために整備された航路を何というか。

7　西廻り航路
解説 東北地方の太平洋側から江戸への航路を東廻り航路という。

□ 8* 江戸，大阪，京都を合わせて何とよぶか。

8　三都

□ 9* 諸藩が大阪に置いた，年貢米や特産物を売りさばくための倉庫を何というか。

9　蔵屋敷

得点アップUP

### ●町人の区別
▶地主・家持→土地や家をもち，町の政治に参加できる。
▶地借・店借→土地や家をもたず，町の政治に参加できない。

# 46 徳川綱吉の政治，幕政の改革

重要度
☆ ☆ ☆

**問題** 次の各問いに答えなさい。

## ◉徳川綱吉の政治

□ 1 徳川綱吉が奨励した，儒学の中でも特に主従関係を重視する学問は何か。

□ 2 徳川綱吉が出した動物愛護令を何というか。

## ◉幕政の改革

□ 3 幕府の財政を立て直すため，質素・倹約をすすめるなどの享保の改革を行った江戸幕府第8代将軍はだれか。

□ 4 3の将軍が制定した，裁判の基準となる法律を何というか。

□ 5 3の将軍が，庶民の意見を聞くために設置した投書箱を何というか。

□ 6 18世紀後半に，商工業者の経済力を利用して，幕府の財政を立て直そうとした老中はだれか。

□ 7 老中の6が結成を奨励した，商工業者の同業者組織を何というか。

□ 8 右の狂歌のように，厳しすぎたために反感を買った，老中の松平定信が行った政治改革を何というか。

> 白河の
> 清きに魚の
> すみかねて
> 元のにごりの
> 田沼こひしき

□ 9 松平定信が，1の学問以外の学問を教えることを禁じた湯島の幕府の学問所を何というか。

## 解答

**1　朱子学**

**解説** 徳川綱吉は，武力でおさえつける政治から，学問や礼節を重視する政治に改めた。

**2　生類憐みの令**

**3　徳川吉宗**

**解説** 享保の改革で幕府の収入は増加したが，米価は安定しなかった。

**4　公事方御定書**

**5　目安箱**

**6　田沼意次**

**7　株仲間**

**解説** 営業を独占させるかわりに，税を納めさせた。

**8　寛政の改革**

**解説** 資料中の白河は，白河藩主であった松平定信のこと。

**9　昌平坂学問所**

**解説** 朱子学以外の学問を禁じたことを，寛政異学の禁という。

社会

理科

数学

英語

国語

---

得点
アップ
UP

◎人々を苦しめた天災

▶洪水や浅間山の噴火，冷害などにより，天明のききんが1782〜87年におこった→百姓一揆や打ちこわしが増加した。

# 47 江戸時代の文化

重要度
☆☆☆

**問題** 次の各問いに答えなさい。

解答

## ◉元禄文化

□ 1* 武士や町人の生活を生き生きと描き，『日本永代蔵』などの作品を書いた作家はだれか。

1　井原西鶴

□ 2* 『曽根崎心中』などの人形浄瑠璃の台本で，ひたむきに生きる男女を描いた人物はだれか。

2　近松門左衛門

□ 3* 日本各地を旅して『奥の細道』などを著し，俳諧を芸術にまで高めた人物はだれか。

3　松尾芭蕉

□ 4* 右の「見返り美人図」のような美人画を得意とした画家はだれか。

4　菱川師宣
**解説** 木版画の浮世絵も考案した。

□ 5* 4の人物が始めた，町人の風俗を描いた絵画を何というか。

5　浮世絵

## ◉化政文化・新しい学問

□ 6* 右の絵は，「富嶽三十六景」の1枚である。この絵を描いた画家はだれか。

6　葛飾北斎

□ 7* 右の絵は，「東海道五十三次」の1枚である。この絵を描いた画家はだれか。

7　歌川広重
**解説** 北斎とともにヨーロッパの絵画に大きな影響を与えた。

□ 8* 『古事記伝』を著し，国学を大成した人物はだれか。

8　本居宣長
**解説** 国学とは，儒教や仏教が伝わる以前の日本の思想を明らかにする学問。

□ 9* 杉田玄白らがオランダ語の人体解剖書を翻訳して著した書物を何というか。

9　解体新書

得点
アップ
UP

**◉化政文化のその他の重要人物**
▶小説→十返舎一九『東海道中膝栗毛』，滝沢馬琴『南総里見八犬伝』 ▶俳諧→与謝蕪村，小林一茶 ▶美人画（浮世絵）→喜多川歌麿

# 48 外国船の接近と天保の改革

重要度
☆☆☆

問題　次の各問いに答えなさい。

解答

◎外国船の接近と幕政への批判

□ 1　1808 年，イギリス
軍艦が港内に侵入す
るフェートン号事件
がおこった場所を，
右の地図中のア〜エ
から 1 つ選べ。

1　ウ
解説　長崎港内に侵入し，オランダ商館員を人質にして，薪や水，食料を要求した。

□ 2　江戸幕府が 1825 年
に出した，接近する外国船への砲撃を定めた法
律を何というか。

2　異国船打払令（外国船打払令）
解説　渡辺崋山や高野長英は幕府の対外政策を批判したため，厳しく処罰された。

□ 3　1837 年に，もと大阪町奉行所の役人が，ききんに苦しむ貧しい人々を救うためにおこした反
乱を何というか。

3　大塩の乱（大塩平八郎の乱）

◎天保の改革と諸藩の改革

□ 4　1841 〜 43 年に江戸幕府の政治改革を行った
老中はだれか。

4　水野忠邦

□ 5　4 の老中が，物価を引き下げるために解散させ
た商工業者の同業組織を何というか。

5　株仲間

□ 6　4 の老中は，江戸や（　　）周辺の土地を幕府の
直轄地にしようとしたが，強い反対にあった。
（　　）にあてはまる都市名を答えよ。

6　大　阪
解説　この政策を上知令という。

□ 7　黒砂糖の専売制や琉球との貿易で財政を立て直
した藩はどこか。

7　薩摩藩

◎ 1837 年，大塩の乱がおこった
ゴロ暗記
人はみな（1837 年）　欲しがる　大量の塩（大塩の乱）

得点
アップ
UP

社会
理科
数学
英語
国語

# 1 物理

## 光 の 反 射

重要度
☆ ☆ ☆

問題 次の各問いに答えなさい。

解答

### ●光の反射とその法則

□ 1 光を自ら出している物体を何というか。

□ 2 光が，鏡などの物体の表面にあたってはね返ることを光の何というか。

□ 3 以下の文の（ ）にあてはまる語句を入れよ。
光が鏡ではね返るとき，鏡に入る光を（ ① ），鏡ではね返った光を（ ② ）という。

□ 4* 右図のaの角を何というか。

□ 5* 右図のbの角を何というか。

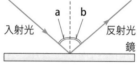

入射光　　　反射光
鏡

□ 6* 以下の文の（ ）にあてはまる語句を入れよ。
光が反射するとき，入射角と反射角の大きさは（ ① ）。これを光の（ ② ）という。

□ 7 鏡などにうつって見えるものを何というか。

1　光源

2　反射

3　①入射光
　　②反射光

4　入射角

5　反射角

解説 光があたった物体の表面に垂直な直線と入射光がつくる角を入射角，物体の表面に垂直な直線と反射光がつくる角を反射角という。入射角＝反射角

6　①等しい
　　②反射の法則

7　像

### ●乱反射・全反射

□ 8 光が，表面ででこぼこした物体にあたると，いろいろな方向に反射することを乱反射という。

□ 9* 光が水中やガラス中から空気中へ進むとき，入射角が一定以上大きくなると，光が境界面ですべて反射し，空気中に出ていかなくなることを全反射という。光通信などに使われている光ファイバーは，全反射を利用している。

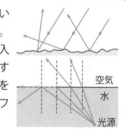

空気
水
光源

得点
アップ
UP

◎鏡にうつる物体の像

▶鏡にうつる物体の像は，物体と左右の向きが逆で，鏡の面に対して物体と対称の位置にあるように見える。

# 2 光 の 屈 折

重要度 ☆☆☆

問題 次の各問いに答えなさい。

解答

## ●光の屈折のしかた

□ 1 光が異なる種類の透明な物体へななめに進むとき，境界面で折れ曲がって進む現象を何というか。

□ 2 右図のaの角を何というか。

入射光　　　　　反射光
空気　　　　　　境界面
水
　　　　　　　屈折光
　　　　　a

□ 3 以下の文の（　）にあてはまる語句を入れよ。
光が空気中から水中やガラス中へななめに進むとき，屈折角は入射角よりも（ ① ）なる。逆に，光が水中やガラス中から空気中へななめに進むとき，屈折角は入射角よりも（ ② ）なる。

□ 4 以下の文の（　）にあてはまる語句を入れよ。
太陽光が空気中の（ ① ）にあたって①の中で屈折するとき，いろいろな色の光が分かれて（ ② ）が見える。

1 （光の）屈折
解説 光が境界面に垂直にあたるとき，光は直進する。

2 屈折角

3 ①小さく
　②大きく
解説 ①空気中から水中やガラス中へななめに進む光は，境界面から遠ざかるように屈折する。
②水中やガラス中から空気中へななめに進む光は，境界面に近づくように屈折する。
※入射角が一定以上大きくなると，光は屈折せず，全反射が起こる。

4 ①雨粒（水滴）
　②虹

## ●プリズムを通った光

□ 5 いろいろな光が混ざっている太陽光をガラスなどの透明な材料でできた三角柱のプリズムに通すと，光の色によって屈折角が異なるため，混ざり合ったそれぞれの色の光に分けることができる。

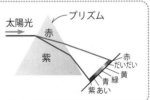

太陽光　　　プリズム
赤
紫
　　　　　　　赤
　　　　　　　だいだい
　　　　　　　黄
　　　　　　　緑
　　　　　　　青
紫あい

得点
アップ
UP

◎光の屈折
▶光が空気中から水中（ガラス中）へ進むとき→入射角＞屈折角
▶光が水中（ガラス中）から空気中へ進むとき→入射角＜屈折角

社会
理科
数学
英語
国語

# 3 凸レンズと光

重要度
☆☆☆

**問題** 次の各問いに答えなさい。

解答

◎凸レンズと焦点

□ 1 ルーペや虫眼鏡などに使われているレンズのように，中央の部分がふくらんでいるレンズを何というか。

1 凸レンズ

□ 2 凸レンズの中心を通って，凸レンズの面に垂直な直線を，何というか。

2 光軸（凸レンズの軸）

□ 3★ 2の直線に平行な光は，凸レンズを通るときに屈折して2の直線上の一点に集まる。この点を何というか。

3 焦点

□ 4 凸レンズの焦点はいくつあるか。

4 2つ
**解説** 焦点は凸レンズの両側に1つずつある。

□ 5★ 凸レンズの中心から焦点までの距離を何というか。

□ 6 凸レンズのふくらみが大きいほど，5の距離はどうなるか。

5 焦点距離

6 短くなる

◎凸レンズと光の進み方

□ 7★ 右図の a のように，凸レンズの軸に平行な光は焦点を通る。b のように凸レンズの中心を通る光は直進する。c のように焦点を通る光は凸レンズを通ると軸に平行に進む。太陽の光は平行な光と考えることができ，凸レンズを通ったあとは焦点に集まる。

◎凸レンズの焦点と焦点距離

▶凸レンズの軸に平行な光は，凸レンズで屈折して焦点に集まる。凸レンズの中心から焦点までの距離を焦点距離という。

# 4 凸レンズと像

重要度
☆ ☆ ☆

問題 次の各問いに答えなさい。

解答

## ●凸レンズによる実像と虚像

以下の文の( )にあてはまる語句を入れよ。

□ 1* 物体が凸レンズの焦点の( ① )側にあるとき，凸レンズを通った光が実際に集まってできる像を( ② )という。

□ 2* 物体が凸レンズの焦点の( ① )側にあるとき，凸レンズを通して見える像を( ② )という。

1　①外
　　②実 像
解説 実像はスクリーンにうつる。

2　①内
　　②虚 像
解説 虚像はスクリーンにうつらない。

## ●凸レンズによる実像と虚像

□ 3 物体が焦点距離の2倍の位置より外側にあるとき
　　→物体よりも小さい，上下左右が逆の実像ができる。

□ 4 物体が焦点距離の2倍の位置にあるとき
　　→物体と同じ大きさで，上下左右が逆の実像ができる。

□ 5 物体が焦点距離の2倍の位置と焦点の間にあるとき
　　→物体よりも大きい，上下左右が逆の実像ができる。

□ 6 物体が焦点より内側にあるとき
　　→凸レンズを通して，物体よりも大きい，物体と同じ向きの虚像が見える。

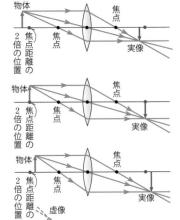

得点
アップ
UP

◎実像の大きさ
▶物体が焦点の外側にあるとき，物体が焦点に近いほど大きな実像ができる。

社会
理科
数学
英語
国語

# 5 音 の 性 質

重要度
☆☆☆

**問題** 次の各問いに答えなさい。

解答

## ◉音の大きさと高さ

□ 1 振動して音を発生させている物体を何というか。

1　音源(発音体)

□ 2 音源の振動の幅を何というか。

2　振幅

□ 3 以下の文の(　　)にあてはまる語句を入れよ。

音源が1秒間に振動する回数を(　①　)といい，

単位は(　②　)〔Hz〕で表される。

3　①振動数
②ヘルツ

□ 4* 振幅が大きいほど，音はどうなるか。

4　大きくなる

□ 5* 振動数が多いほど，音はどうなるか。

5　高くなる

## ◉音と弦のかかわり

□ 6 右図に示したモノコードで音を発生させる
と，弦が短いほど，高い音が出て，弦が太い
ほど，低い音が出る。また，弦の張り方が強
いほど，高い音が出て，弦を強くはじくほど，大きい音が出る。

支柱　　　弦

## ◉音と波形

□ 7 下図のA～Cは，オシロスコープで調べた音の波形で，横軸は時間，
縦軸は振幅を表している。BはAより音が大きい。CはAより音が
低い。

A

B
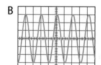

C
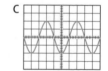

得点
アップ
UP

◉音の大きさと高さ
▶音の大きさは音源の振動の振幅，音の高さは音源の振動数によって
決まる。

# 6 物理

月　日

## 音の伝わり方

重要度
☆☆☆

問題 次の各問いに答えなさい。

解答

◉音を伝えるもの

□ 1 以下の文の（　）にあてはまる語句を入れよ。
音は，音源の（ ① ）がまわりの（ ② ）を振動させ，耳に伝わって聞こえる。（ ③ ）中では音は聞こえない。

1　①振　動
　　②空　気
　　③真　空

□ 2 振動が次々と伝わる現象を何というか。

2　波

□ 3 以下の文の（　）にあてはまる語句を入れよ。
音は，水などの（ ① ）の中，金属や木などの（ ② ）の中も伝わる。

3　①液　体
　　②固　体

◉音の伝わる速さ

□ 4 音の伝わる速さを空気中と水中で比べたとき，速いのはどちらか。

4　水　中

□ 5* 空気中で音の伝わる速さと光の速さを比べたとき，速いのはどちらか。

5　光の速さ

□ 6* 雷の光が見えてから3秒後に音が聞こえた。この雷までの距離はおよそ何 m か。ただし，空気中を伝わる音の速さは 340 m/s とする。

6　1020 m

解説 速さ＝$\dfrac{距離}{時間}$ より，
距離＝速さ×時間で求める。
$340 \text{ m/s} \times 3 \text{ s} = 1020 \text{ m}$

□ 7 海面上で静止した船から深さ 3000 m の海底に向けて音を出したところ，海底で反射して4秒後に聞こえた。水中を伝わる音の速さはおよそ何 m/s か。

船

海底

7　1500 m/s

解説 音が往復しているので，6000 m を伝わるのに4秒かかったことになる。
$\dfrac{6000 \text{ m}}{4 \text{ s}} = 1500 \text{ m/s}$

得点
アップ
UP

◉速さを求める式と距離・時間の関係

▶速さ＝$\dfrac{距離}{時間}$，　距離＝速さ×時間，　時間＝$\dfrac{距離}{速さ}$

社会

理科

数学

英語

国語

# 7 いろいろな力 ①

重要度
☆ ☆ ☆

**問題** 次の各問いに答えなさい。

解答

## ●力のはたらき

□ 1 以下の文の(　)にあてはまる語句を入れよ。
　力のはたらきには，「物体を(　①　)させる」「物体の(　②　)を変える」「物体を(　③　)」の3つがある。

## ●物体どうしがふれあってはたらく力

□ 2* 引っ張られたゴムやばねのように，変形した物体がもとにもどろうとするときに生じる力を何というか。

□ 3 物体を机の上に置いたとき，机がわずかに変形する。この机がもとにもどろうとして，物体の面を垂直におし返すようにはたらく力を何というか。

## ●力のつりあい

□ 4* 2つの力がつりあっているときの条件は，「2つの力の大きさは等しい」「2つの力は一直線上にある」と，もう1つは何か。

1 ①変形
　②動き
　③支える

**解説** ①の例：エキスパンダーを引く。
②の例：ボールをバットで打つ。
③の例：バーベルを持ち上げる。

2 弾性力(弾性の力)

3 垂直抗力

4 2つの力の向きが反対である

## ●摩擦力

□ 5* 物体どうしがふれあっているとき，ふれ合う面の間で物体の運動をさまたげるようにはたらく力を摩擦力という。

□ 6 右図のように，床の上に置いた物体を左向きにおしたとき，摩擦力は右向きにはたらく。

物体

左 ←──→ 右

得点
アップ
UP

## ◎摩擦力

▶物体どうしがふれあっているとき，物体の運動をさまたげるようにはたらく力を摩擦力といい，物体の運動の向きと反対向きにはたらく。

# 8 いろいろな力 ②

重要度
☆☆☆

問題 次の各問いに答えなさい。

解答

### ◎物体どうしがはなれてはたらく力

□ 1 以下の文の（　）にあてはまる語句を入れよ。
磁石の同じ極どうしには（ ① ）力がはたらき，
異なる極どうしには（ ② ）力がはたらく。この
ような力を（ ③ ）という。

□ 2 こすりあわせて電気を帯びた物体どうしの間に
はたらく力を何というか。

□ 3* 地球上にあるすべての物体にはたらく，地球が
中心に向かって物体を引く力を何というか。

### ◎重さと質量

□ 4* 以下の文の（　）にあてはまる語句を入れよ。
物体にはたらく重力の大きさを（ ① ）といい，
単位には（ ② ）〔N〕を用いる。

□ 5* 以下の文の（　）にあてはまる語句を入れよ。
物体そのものの量を（ ① ）といい，単位には
（ ② ）〔g〕などを用いる。

1 ①しりぞけあう
（反発しあう）
②引きあう
③磁石の力（磁力）

2 電気の力

3 重　力

4 ①重　さ
②ニュートン

5 ①質　量
②グラム

社会
理科
数学
英語
国語

### ◎重さ・質量と重力

□ 6 月面上における重力は，地球上における重力の
約 $\frac{1}{6}$ 倍である。

□ 7 地球上で上皿てんびんを使ってはかると 50 g であっ
た物体を，月面上で上皿てんびんを使ってはかると，
50 g の分銅とつりあう。

得点
アップ
UP

### ◎重さと質量のちがい

▶重さは物体にはたらく重力の大きさのことで，場所によって変化する。

▶質量は物体そのものの量のことで，場所によって変化しない。

# 9 力の表し方

重要度
☆☆☆

問題 次の各問いに答えなさい。

解答

### ●力の単位

□ 1 以下の文の（　）にあてはまる語句を入れよ。

力の大きさの単位には（ ① ）〔N〕を用いる。
1 N は 100 g の物体にはたらく（ ② ）の大きさ
とほぼ等しい。

1 ①ニュートン
②重 力

### ●力の三要素

□ 2* 右図のように，物体にはた
らく力は矢印で表すことが
できる。次の問いに答えよ。

① 矢印の始点 a は，何を表すか。

② 矢印の向き b は，力の何を表すか。

③ 矢印の長さ c は，力の何を表すか。

2 ①作用点
②（力の）向き
③（力の）大きさ

### ●いろいろな力の表し方

□ 3 100 g の物体にはたらく重力の大きさを 1 N，方眼の 1 目盛りを 1 N
とすると，

① 手が物体をおす
　力は 5 N

② 糸が物体を引く
　力は 2 N

③ 物体にはたらく
　重力は 3 N

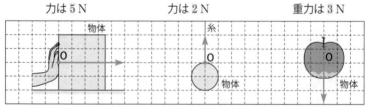

得点
アップ
UP

◎力の表し方

▶矢印は作用点から力のはたらく向きに描き，矢印の長さを力の大きさに比
例させる。

# 10 力とばね

重要度
☆☆☆

問題 次の各問いに答えなさい。

### ●力の大きさとばねののびの関係

□ 1 ばねに 200 g のおもりをつるすと，ばねがのびた。次に，このののびと同じになるように手でばねを下向きに引いた。このとき，手がばねを引いた力の大きさは何 N か。ただし，100 g の物体にはたらく重力の大きさを 1 N とする。

□ 2* 以下の文の（　）にあてはまる語句を入れよ。
ばねののびは，ばねにはたらく力の大きさに（ ① ）する。この関係を（ ② ）という。

□ 3 長さ 20 cm のばねを 0.2 N の力で引くと 2 cm のびた。このばねを 0.5 N の力で引くと，ばねののびは何 cm になるか。

□ 4 1 N で 5 cm のびるばねにある物体をつり下げたところ，ばねは 3 cm のびて静止した。この物体の質量は何 g か。ただし，100 g の物体にはたらく重力の大きさを 1 N とする。

### ●力の大きさとばねののびの関係

□ 5 力の大きさとばねののびの関係を調べる実験で数値を測定するとき，正しい値（真の値）から測定値がわずかにずれてしまった。この真の値と測定値のずれを誤差という。右図では，できるだけすべての点の近くを通るように直線を引く。

得点
アップ
UP

◎力の大きさとばねののびの関係を表すグラフ
▶ばねののびは力の大きさに比例するので，これらの関係を表すグラフは，原点を通る直線になる。

解答

社会
理科
数学
英語
国語

1　2 N
解説 ばねののびが同じとき，ばねにはたらく力の大きさは等しい。

2　①比例
　　②フックの法則

3　5 cm
解説 0.2 N の力のときのばねののびは 2 cm なので，2.5 倍の 0.5 N の力のときは，ばねののびも 2.5 倍の 5 cm になる。

4　60 g
解説 1 N の力のときのばねののびは 5 cm なので，ばねののびが $\frac{3}{5}$ の 3 cm のときは，力も $\frac{3}{5}$ の 0.6 N になる。

化学

月 日

# 11 実験器具の扱い方 ①

重要度
☆☆☆

問題 次の各問いに答えなさい。

解答

## ◉上皿てんびんの使い方

□ 1 右図のa，bの部分を
何というか。

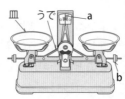

皿 うで a

□ 2* 以下の文の（ ）にあ
てはまる語句を入れよ。

A はかる前の準備…上皿てんびんを（ ① ）な
台の上に置き，指針が左右に等しくふれる
ように（ ② ）で調節する。

B 物体の質量をはかるとき…はかりたい物体
を一方の皿にのせ，もう一方の皿に少し
（ ③ ）と思われる分銅を（ ④ ）でのせる。
分銅が重い場合，次に（ ⑤ ）分銅をのせて
つりあわせ，分銅の質量を合計する。

C 一定量の薬品をはかりとるとき…両方の皿
に（ ⑥ ）をのせ，一方の皿にはかりとりた
い質量の分銅をのせる。もう一方の皿に薬
品を少しずつのせてつりあわせる。

1 a針（指針）
b調節ねじ

2 A①水 平
②調節ねじ
B③重 い
④ピンセット
⑤軽い（小さ
い）
C⑥薬包紙

## ◉電子てんびんの使い方

□ 3 電子てんびんは，A～Cのようにして質量をはかる。
A 水平な台の上に置く。
B 電源を入れて，表示が $0.00(0, 0.0)$ になるようにする。
C はかりたいものをのせて表示された数値を読みとる。

得点
アップ
UP

◎上皿てんびんを使い終わったとき
▶使い終わったら，上皿てんびんのうでが動かないように，一方の皿をも
う一方の皿に重ねておく。

# 12 実験器具の扱い方 ②

重要度
☆ ☆ ☆

問題 次の各問いに答えなさい。

解答

◉ガスバーナーの使い方

□ 1 右図のa，bの部分を何とい
うか。

□ 2* 以下の文の（　）にあてはま
る語句を入れよ。

A 上下2つの調節ねじがし
まっていることを確かめてから，（ ① ），
コックの順に開ける。

B マッチに火をつけてから，（ ② ）を少しず
つゆるめて点火し，炎の大きさを調節する。

C ②をおさえて，（ ③ ）だけを少しずつゆる
めて，（ ④ ）色の炎にする。

D 火を消すときは，（ ⑤ ）→（ ⑥ ）の順にし
め，コック，（ ① ）を閉じる。

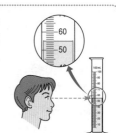
コック
a
b

1　a 空気調節ねじ
　　b ガス調節ねじ

2　A①元栓
　　B②ガス調節ねじ
　　C③空気調節ねじ
　　　④青
　　D⑤空気調節ねじ
　　　⑥ガス調節ねじ

解説 ④空気の量が不足し
ているときは，炎の色が赤
色になる。

◉メスシリンダーの使い方

□ 3* メスシリンダーは液体の体積をはかる器具であ
る。水平な台の上に置き，目の位置を液面と同
じ高さにして，液面のいちばん平らな（低い）と
ころを1目盛りの $\frac{1}{10}$ まで目分量で読みとる。

60
50

100mL

□ 4 右図で，液体の体積は 55.0 cm³ である。

得点
アップ
UP

◉ガスバーナーの使い方

▶ 調節ねじをしめる向き…真上から見て，右まわり（時計まわり）

▶ 調節ねじをゆるめる向き…真上から見て，左まわり（反時計まわり）

# 13

## 身のまわりの物質 ①

重要度
☆☆☆

問題　次の各問いに答えなさい。

◉物質の密度

□ 1* 次の式の（　）にあてはまる語句を入れよ。

$$密度〔g/cm^3〕= \frac{物質の（①）〔g〕}{物質の（②）〔cm^3〕}$$

□ 2 酸素1Lの質量をはかると，1.43gであった。
　　酸素の密度は何$g/cm^3$か。

□ 3 物質の体積が同じ場合，密度の大きい物質ほど，
　　質量はどうであるか。

□ 4 物質の質量が同じ場合，密度の大きい物質ほど，
　　体積はどうであるか。

□ 5 水の密度は$1.00 \ g/cm^3$，水銀の密度は
　　$13.5 \ g/cm^3$，鉄の密度は$7.87 \ g/cm^3$である。
　　① 鉄球は水に浮くか，沈むか。
　　② 鉄球は水銀に浮くか，沈むか。

◉物質の区別

□ 6* 以下の文の（　）にあてはまる語句を入れよ。
　　ものを，それを使う目的や形などで区別すると
　　きは（①）といい，材料で区別するときは
　　（②）という。

□ 7 物質を区別する方法には，「色やにおい，手ざ
　　わりを調べる」「水を加えたときのようすを調
　　べる」のほかに，どのような方法があるか。

---

**解答**

1　①質　量
　　②体　積

2　$0.00143 \ g/cm^3$
**解説** 気体の体積にはL
やmLなどを使うことが
多い。
$1 \ L = 1000 \ mL = 1000 \ cm^3$
$\dfrac{1.43 \ g}{1000 \ cm^3} = 0.00143 \ g/cm^3$

3　大きい

4　小さい

5　①沈　む
　　②浮　く

6　①物　体
　　②物　質
**解説** ①の例：定規，机な
ど
②の例：プラスチック，木，
鉄など

7　加熱したときの
　　ようすを調べる

---

得点
アップ
UP

◉密度とものの浮き沈み
▶液体の密度＞固体の密度→固体は浮く。
▶液体の密度＜固体の密度→固体は沈む。

# 14 身のまわりの物質 ②

重要度
☆☆☆

問題 次の各問いに答えなさい。

解答

## ◉金属の性質

□ 1\* 金属の性質について，以下の文の（　）にあてはまる語句を入れよ。

A みがくと特有の（ ① ）がある。

B 引っ張るとのび，たたくと（ ② ）。

C （ ③ ）をよく通し，（ ④ ）を伝えやすい。

1　①金属光沢
　　②広がる
　　③電 気
　　④熱

□ 2 金属以外の物質を何というか。

2　非金属

□ 3 銀，アルミニウム，銅，鉄のうち，磁石につくものはどれか。

3　鉄

## ◉有機物と無機物

□ 4\* 以下の文の（　）にあてはまる語句を入れよ。

（ ① ）を含み，加熱すると黒く焦げて炭になったり，燃えて（ ② ）が発生する物質を（ ③ ）という。また，③以外の物質を（ ④ ）という。

4　①炭 素
　　②二酸化炭素
　　③有機物
　　④無機物

□ 5\* 3種類の白色の粉末があり，これらは，砂糖，食塩，デンプンのいずれかであることがわかっている。次の問いに答えよ。

① 水にとけるものはどれか。すべて答えよ。

② 加熱すると，黒く焦げるものはどれか。すべて答えよ。

5　①砂糖，食塩
　　②砂糖，デンプン
解説 砂糖とデンプンは有機物，食塩は無機物である。

得点
アップ
UP

◉有機物を燃やしたときの変化

▶石灰水を入れた集気びんの中で有機物を燃やし，火が消えてから集気びんをふると，石灰水が白く濁る。→二酸化炭素が発生したとわかる。

# 15 気体のつくり方と性質 ①

重要度
☆☆☆

**問題** 次の各問いに答えなさい。

解答

### ◎気体の集め方

□ 1* 以下の文の(　)にあてはまる語句を入れよ。

A 右図のように，水に( ① )気体を集める方法を( ② )という。

B 右図のように，水に( ③ )，空気より密度が( ④ )気体を集める方法を( ⑤ )という。

C 右図のように，水に( ⑥ )，空気より密度が( ⑦ )気体を集める方法を( ⑧ )という。

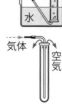

1　A①とけにくい
　　②水上置換法
　　　　すいじょうちかんほう
　　B③とけやすく
　　④大きい
　　⑤下方置換法
　　C⑥とけやすく
　　⑦小さい
　　⑧上方置換法

**解説** 二酸化炭素は水に少しとけるが，下方置換法でも水上置換法でも集めることができる。

### ◎二酸化炭素，酸素

□ 2 右図のように，石灰石や貝がらなどにうすい塩酸を加えると，二酸化炭素が発生する。

□ 3* 2 の気体は，石灰水を白くにごらせる。また，水に少しとけ，その水溶液は酸性を示す。

□ 4 右図のように，二酸化マンガンにオキシドール(うすい過酸化水素水)を加えると，酸素が発生する。

□ 5* 4 の気体には，物質を燃やすはたらきがある。

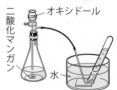

◎気体の集め方

得点
アップ
UP

▶気体
　├→ 水にとけにくい ─────────────→ 水上置換法
　└→ 水にとけやすい ┬→ 空気より密度が大きい ─→ 下方置換法
　　　　　　　　　　 └→ 空気より密度が小さい ─→ 上方置換法

# 16 気体のつくり方と性質 ②

重要度
☆ ☆ ☆

問題 次の各問いに答えなさい。

解答

◉アンモニア

□ 1 右図のように，塩化アンモニウムと水酸化カルシウムを混ぜ合わせたものを加熱したり，アンモニア水を加熱したりすると，何が発生するか。

塩化アンモニウムと
水酸化カルシウム

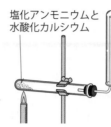

1 アンモニア

□ 2* 以下の文の（　　）にあてはまる語句を入れよ。右図のような装置で，スポイトの水をおし出すと，フェノールフタレイン液を加えた水が吸い上げられて（ ① ）色の噴水ができる。これは，アンモニアが（ ② ），アルカリ性の水溶液になるためである。

アンモニア

ガラス管

水の入った
スポイト

フェノールフタレイン液
を数滴加えた水

2 ①赤
　 ②水にとけ

解説 フェノールフタレイン液は，酸性・中性では無色，アルカリ性で赤色を示す。

　スポイトの水をおし出すと，アンモニアが水に大量にとけるため，フラスコ内の気圧が下がり，フェノールフタレイン液を加えた水が吸い上げられる。

◉水 素

□ 4 右図のように，亜鉛にうすい塩酸を加えると，水素が発生する。

□ 5* 4の気体は，物質の中で最も密度が小さい。また，空気中で火をつけると，燃えて水ができる。

うすい塩酸

亜鉛　　　水

得点
アップ
UP

◉アンモニアの性質
▶水によくとける。
▶水溶液はアルカリ性を示す。

# 17 気体のつくり方と性質 ③

重要度
☆☆☆

問題 次の各問いに答えなさい。

解答

◉二酸化硫黄，塩素

以下の文の（　）にあてはまる語句を入れよ。

□ 1 二酸化硫黄は，空気よりも密度が（ ① ）。また，（ ② ）色で刺激臭があり，水に（ ③ ），有毒である。

1　①大きい
　　②無
　　③とけやすく

□ 2 塩素は，空気よりも密度が（ ① ）。（ ② ）色で特有の刺激臭があり，水に（ ③ ），殺菌・漂白作用がある。

2　①大きい
　　②黄緑
　　③とけやすく

◉身のまわりの気体

□ 3 窒素，塩素，二酸化硫黄，アンモニアのうち，プールの消毒剤のようなにおいのある気体は何か。

3　塩素

□ 4 窒素，塩素，二酸化硫黄，アンモニアのうち，酸性雨の原因となる物質の1つである気体は何か。

4　二酸化硫黄

◉窒素

□ 5* 右図は，空気の組成（体積の割合）を表している。空気の約 78 % を占める気体 a は窒素で，約 21 % を占める気体 b は酸素である。

□ 6 窒素は，空気よりもわずかに密度が小さい。また，色やにおいがなく，水にとけにくく，燃えたり，物質を燃やすはたらきはない。

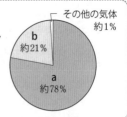

その他の気体
約1%

b
約21%

a
約78%

得点
アップ
UP

◉窒素

▶窒素は空気中の体積の割合でおよそ $\frac{4}{5}$ ふくまれている。

# 18 水 溶 液

重要度
☆☆☆

問題 次の各問いに答えなさい。

解答

## ●水溶液の性質

□ 1 砂糖が水にとけた砂糖水のように，物質が水に
とけた液体を何というか。

1 水溶液（すいようえき）

以下の文の（　）にあてはまる語句を入れよ。

□ 2* 砂糖水の砂糖のように水にとけている物質を
（ ① ）といい，水のように①をとかしている液
体を（ ② ）という。①が②にとけた液体を
（ ③ ）という。

2 ①溶 質
　②溶 媒
　③溶 液

□ 3* 水溶液は，色のついたものもあるが，どれも
（ ① ）で，どの部分も濃さは（ ② ）である。

3 ①透 明（とうめい）
　②同 じ

□ 4 次の①，②の液体の溶質（ようしつ）と溶媒（ようばい）はそれぞれ何か。
① 硫酸銅水溶液（りゅうさんどうすいようえき）　　② 塩酸

4 ①（溶質）硫酸銅
　　（溶媒）水
　②（溶質）塩化水素
　　（溶媒）水

□ 5 牛乳や墨汁（ぼくじゅう）などの溶液は，溶質の粒子（りゅうし）が大きい
ため，強い光をあてると粒子が光を散乱して光
の道筋が見える。このような溶液を何というか。

5 コロイド溶液

## ●水溶液の量的関係

□ 6 右図のように，水と砂糖を混ぜ合わせた。溶質
は砂糖で，溶媒は水である。混ぜ合わせたとき
の質量は以下のような関係にある。

溶液の質量〔g〕＝20 g＋100 g
　　　　　　　＝120 g

砂糖 20g

混ぜ
合わせる

水 100g　溶液

得点
アップ
UP

## ●水溶液の特徴（とくちょう）

▶水溶液は，溶質の小さな粒子が水の中に均一に広がって，どの部
分も濃さは同じである。時間がたっても，水溶液の下のほうが濃くな
ったりはしない。

化学　　　　　　　　　　　　　　　　　　　　　　月　日

# 水溶液の濃度と溶解度

重要度
☆☆☆

**問題** 次の各問いに答えなさい。

解答

### ◉水溶液の濃度

□ 1* 以下の式の（　）にあてはまる語句を入れよ。

質量パーセント濃度〔%〕

$$=\frac{（①）の質量〔g〕}{（②）の質量〔g〕}\times 100$$

$$=\frac{①の質量〔g〕}{①の質量〔g〕+（③）の質量〔g〕}\times 100$$

□ 2 水 120 g に塩化ナトリウム 40 g をとかした水
溶液の質量パーセント濃度は何%か。

1　①溶　質
　　②溶　液
　　③溶　媒

2　25 %

**解説** $\dfrac{40\ g}{(40+120)g}\times 100$

$=25\ \%$

### ◉溶解度

□ 3 一定量の水にとかすことのできる物質の限度の
量を何というか。

□ 4 物質がそれ以上とけきれなくなった水溶液を何
というか。

3　溶解度

4　飽和水溶液

### ◉溶解度曲線

□ 5 右図の，塩化ナトリウムとミョウバンで，水
の温度によって溶解度が大きく変化するのは
ミョウバンである。

□ 6 右図で，40℃の水 100 g にとける質量が大き
いのは塩化ナトリウムである。

□ 7 右図で，60℃の水 100 g にミョウバンをとけ
るだけとかすと，約 56 g とける。

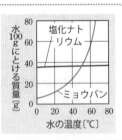

得点
アップ
UP

◉溶解度

▶溶解度は，溶質の種類や水の温度によって異なる。

▶固体の溶解度は，ふつう，水の温度が高いほど大きくなる。

# 20 再 結 晶

重要度
☆☆☆

問題 次の各問いに答えなさい。

解答

### ◉溶質のとり出し方

□ 1 平面で囲まれた，規則正しい形をした固体を何
というか。

1 結 晶

□ 2* 固体の物質をいったん水にとかしてから，再び
結晶としてとり出すことを何というか。

2 再結晶

### ◉ろ 過

□ 3 右図のように，ろ紙などを
使って固体と液体を分ける
方法を何というか。

□ 4 ろ過をするとき，ろうとの
あしはどのようにするのが
よいか。

3 ろ 過

4 あし（切り口）の
長いほうをビーカ
ーの壁につける。

解説 ろ過するときは，溶
液が飛び散ったりしないよ
うにガラス棒を用いて行う。

### ◉再結晶と量的関係

□ 5* 右図で，80℃のホウ酸の飽和水溶液を40℃
まで冷やすと，出てくるホウ酸の結晶の質量
は，約 15 g である。

□ 6* 右図で，40℃の水 100 g に硝酸カリウム 40 g
をとかした水溶液を少しずつ冷やしていく
と，約 25℃で結晶ができ始める。

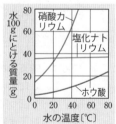

水100gにとける質量〔g〕

硝酸カリウム
塩化ナトリウム
ホウ酸

水の温度〔℃〕

□ 7* 右図で，80℃の塩化ナトリウムの飽和水溶液
を40℃まで冷やしても，塩化ナトリウムの結晶はほとんど出てこな
かった。塩化ナトリウムの結晶をとり出すには水を蒸発させる方法を
用いる。

得点
アップ
UP

◉溶解度と再結晶

▶温度による溶解度の差が大きい物質の水溶液→水溶液を冷やす。

▶温度による溶解度の差が小さい物質の水溶液→水を蒸発させる。

# 21 物質の状態変化 ①

重要度
☆ ☆ ☆

**問題** 次の各問いに答えなさい。

## ◉物質のすがた

□ 1 温度によって，物質の状態が変わることを何と
いうか。

□ 2 物質が液体から気体に状態変化するとき，粒子
の運動のようすはどうなるか。

□ 3* 以下の文の（　）にあてはまる語句を入れよ。
物質の状態変化では，体積は（ ① ）が，物質を
つくる粒子の（ ② ）や大きさ，種類は変わらな
いため，質量は（ ③ ）。

□ 4* 液体の水が固体に変化するとき，体積と密度は
それぞれどうなるか。

□ 5 液体のろうが固体に状態変化するとき，体積と
密度はそれぞれどうなるか。

□ 6 液体のろうの中に固体のろうのかけらを入れる
と，固体のろうは浮くか，沈むか。

## ◉状態変化と粒子

□ 7* 右図は，物質の状態を粒子のモ
デルで表したものである。Aは
粒子が飛び回っている気体の状
態，Bは粒子が規則正しく並ん
でいる固体の状態，Cは粒子が
不規則に集まり，動き回ってい
る液体の状態である。

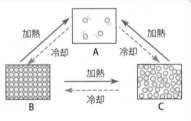

| 解答 |
| --- |
| 1 状態変化 |
| 2 活発になる |

**解説** 気体の状態では，粒子どうしの間隔が広く，自由に飛び回っている。
　固体の状態では，粒子どうしはつまっていて，規則正しく並んでいる。
　液体の状態では，粒子は不規則に集まり，動き回るようになる。

3 ①変化する
　②数
　③変化しない

4 （体積）大きくなる
　（密度）小さくなる

5 （体積）小さくなる
　（密度）大きくなる

6 沈む

得点
アップ
UP

## ◉状態変化と体積・質量

▶ 物質の状態変化では，体積は変化するが，質量は変化しない。

# 22

## 物質の状態変化 ②

重要度
☆☆☆

問題 次の各問いに答えなさい。

解答

◎物質の状態変化と温度

□ 1 固体が液体になるときの温度を何というか。

□ 2 液体が沸騰して気体になるときの温度を何という か。

□ 3 水やエタノールのように，1種類の物質からで きているものを何というか。

□ 4 空気や海水のように，2種類以上の物質が混じ り合ったものを何というか。

□ 5 右図は，氷を加熱し たときの温度変化を 表したグラフである。 次の問いに答えよ。

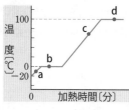

① 水の融点と沸点 はそれぞれ何℃か。

② 図のa〜d点で，水はそれぞれどのような 状態になっているか。

1　融点

2　沸点

3　純物質(純粋な物 質)

4　混合物

5　①(融点)0℃
　　(沸点)100℃
　②a 固体
　　b 固体と液体
　　c 液体
　　d 液体と気体

解説 物質がとけている間， または，沸騰している間は， 加熱を続けても温度は一定 になる。

◎物質の温度変化のようす

□ 6 右図は，固体のろうを加熱したときの温度変 化を表したグラフである。このグラフから， ろうは融点が一定にならないので，混合物と いえる。

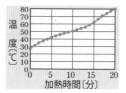

得点
アップ
UP

◎純物質(純粋な物質)と混合物の融点と沸点

▶ 純物質の融点と沸点は一定になる→グラフに平らな部分がある。

▶ 混合物の融点と沸点は一定にならない→グラフに平らな部分がない。

# 23 物質の状態変化 ③

重要度
☆☆☆

**問題** 次の各問いに答えなさい。

解答

## ◉蒸留と分留

□ 1* 液体を加熱して沸騰させ，出てきた気体を冷やして再び液体にしてとり出す方法を何というか。

1　蒸留

□ 2 以下の文の（　）にあてはまる語句を入れよ。
液体の混合物から，1 を行うことによってそれぞれの物質に分けてとり出すとき，先にとり出すことのできる物質は，沸点が（　　）物質である。

2　低い

□ 3 いろいろな物質が混じった原油を沸点の違いを利用してガソリンや軽油，灯油などに分離することを何というか。

3　分留

## ◉蒸留と温度変化

□ 4* 右図のような装置で，水とエタノールの混合物の蒸留を行った。試験管に最初にたまる液体に多く含まれているのはエタノールである。

□ 5 この実験での，フラスコ内の温度変化を示したグラフは，下のウである。

温度計
水とエタノールの混合物
試験管
沸騰石
氷水

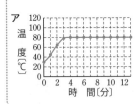
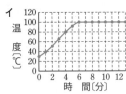
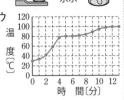

得点
アップ
UP

◉蒸留の実験操作の注意点
▶ガスバーナーの火を消す前に，ガラス管の先がたまった液体の中に入っていないことを確認する。→試験管内の液体が逆流するのを防ぐため。

# 24 身のまわりの生物の観察

重要度
☆☆☆

**問題** 次の各問いに答えなさい。

解答

## ◎ルーペと顕微鏡

□ 1* 以下の文の（　）にあてはまる語句を入れよ。
ルーペで，手に持った植物を観察するときは，ルーペを（ ① ）に近づけて持ち，（ ② ）を前後に動かしてピントを合わせる。

□ 2 プレパラートをつくるとき，カバーガラスを端からゆっくりとかぶせるのは，何が入らないようにするためか。

## ◎顕微鏡の使い方

□ 3 右図のステージ上下式顕微鏡のa〜dの部分を何というか。

□ 4 視野の明るさは，しぼりと何で調節するか。

□ 5* 以下の文の（　）にあてはまる語句を入れよ。
顕微鏡のピントは，対物レンズとプレパラートを（　）ながら合わせる。

□ 6 10倍の接眼レンズと15倍の対物レンズを用いると，顕微鏡の倍率は何倍になるか。

□ 7* 顕微鏡の倍率を高くすると，見える範囲と視野の明るさはそれぞれどうなるか。

1 ①目
　②植　物
**解説** 観察物が動かせないときは，ルーペを目に近づけて持ったまま，顔を前後に動かす。

2 気泡（空気の泡）

3 a接眼レンズ
　b対物レンズ
　c調節ねじ
　d反射鏡

4 反射鏡

5 遠ざけ（離し）

6 150倍
**解説** 顕微鏡の倍率＝接眼レンズの倍率×対物レンズの倍率 より，
　10×15＝150〔倍〕

7 （見える範囲）
　狭くなる
　（視野の明るさ）
　暗くなる

得点
アップ
UP

## ◎顕微鏡の使い方

▶ ①反射鏡としぼりで明るさを調節する→②プレパラートをステージにのせ，真横から見ながら対物レンズとプレパラートをできるだけ近づける→③調節ねじを②と逆向きに回して，対物レンズとプレパラートを遠ざけながらピントを合わせる→④しぼりを回して観察物がよく見えるようにする

# 25 身近な生物

重要度
☆☆☆

**問題** 次の各問いに答えなさい。

解答

### ●生物と環境

□ 1 右図は，タンポポとゼニゴケが見られた場所を示している。タンポポは○，●のどちらか。

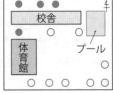

1 ○

**解説** タンポポは，日当たりがよく，乾いた場所に生えている。

### ●水中の微生物

□ 2* 下図の微生物の名称を答えよ。

 ①  ②  ③  ④

2 ①ミジンコ
　②ゾウリムシ
　③ミカヅキモ
　④ミドリムシ

### ●双眼実体顕微鏡

□ 3 右図の双眼実体顕微鏡のa～dの部分をそれぞれ何というか。

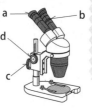

3 a 接眼レンズ
　b 視度調節リング
　c 粗動ねじ
　d 調節ねじ
　　（微動ねじ）

### ●双眼実体顕微鏡の使い方

□ 4* A 鏡筒を調節し，目の幅に合わせる。
B 粗動ねじをゆるめて鏡筒を上下させ，両目でピントをほぼ合わせる。
C 右目でのぞきながら，調節ねじ（微動ねじ）を回してピントを合わせる。
D 左目でのぞきながら，視度調節リングを回してピントを合わせる。

得点
アップ
UP

●スケッチするときの注意点
▶輪郭の線の重ねがき，ぬりつぶしはしない。
▶ルーペや顕微鏡で観察したときの，視野のまるい枠は描かない。

# 26 花のつくり

重要度
☆☆☆

問題 次の各問いに答えなさい。

解答

◉被子植物の花のつくり

□ 1* おしべ，めしべ，がく，花弁を，外側からついているものの順に並べよ。

□ 2* 右図のa〜fの部分を何というか。

□ 3 右図のb，dの先端部分を何というか。

□ 4* 胚珠が子房に包まれている植物を何というか。

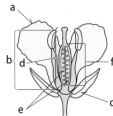

◉裸子植物の花のつくり

□ 5 右図のマツのa，bの花を何というか。

□ 6 右図で，やがてまつかさになるのは，a，bのどちらか。

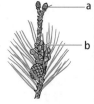

□ 7* 右図はマツの花のりん片である。P，Qの部分を何というか。

りん片

□ 8 右図で，花粉が入っているのは，P，Qのどちらか。

□ 9* 子房がなく，胚珠がむき出しになっている植物を何というか。

**解答欄**

1　がく，花弁，
　　おしべ，めしべ

2　a花　弁
　　bおしべ
　　cが　く
　　dめしべ
　　e胚　珠
　　f子　房

3　bやく
　　d柱　頭

解説 おしべのやくの中に花粉が入っている。

4　被子植物

5　a雌　花
　　b雄　花

6　a

7　P花粉のう
　　Q胚　珠

8　P

9　裸子植物

得点
アップ
UP

◉被子植物と裸子植物の花のつくりのちがい
▶被子植物…胚珠が子房に包まれている。
▶裸子植物…子房がなく，胚珠がむき出しになっている。花弁やがくがない。

生物

月　日

# 27 植物の子孫のふやし方

重要度
☆☆☆

問題　次の各問いに答えなさい。

解答

## ◉被子植物の子孫のふやし方

☐ 1* めしべの柱頭に花粉がつくことを何というか。

☐ 2 花粉は，おしべの何という部分に入っているか。

☐ 3* 下図は，花のつくりと受粉後のようすを模式的に表したものである。a〜dの部分を何というか。ただし，a，bは，受粉後やがてc，dになるものとする。

1　受粉

2　やく

3　a子房
　　b胚珠
　　c果実
　　d種子

解説　受粉後，子房が成長して果実になり，子房の中の胚珠が成長して種子になる。

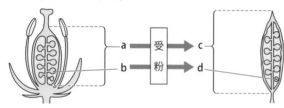

## ◉裸子植物の子孫のふやし方

☐ 4 マツのような裸子植物は，雄花の花粉のうでつくられた花粉が，雌花の胚珠に直接ついて受粉する。

☐ 5 右図は，マツの雌花のりん片と受粉後のまつかさの一部を表していて，aの胚珠がbの種子になる。

☐ 6 マツには果実ができない。これは，マツの花に子房がないからである。

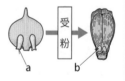

得点
アップ
UP

◉受粉のようすとその後の変化

▶被子植物…花粉がめしべの柱頭につく。→胚珠は種子，子房は果実に変化。

▶裸子植物…花粉が直接胚珠につく。→胚珠は種子に変化（果実はできない）。

# 28 葉や根のつくり

重要度
☆☆☆

問題　次の各問いに答えなさい。

解答

◉葉のつくり

□ 1 植物を真上から見ると，葉が互いに重なり合わないようについていた。これによって，どの葉も何をより多く受けることができるか。

□ 2 右図のA，Bのような葉脈を何というか。

A　　　　　　B

1　日光（光）

2　A 網状脈
　　　もうじょうみゃく
　　B 平行脈

◉根のつくり

□ 3* 根のようすを表した右図のa〜cの部分を何というか。

A　　a　　B

b　　　　c

□ 4 根の先端に生えている綿毛のようなものを何というか。

□ 5 アブラナの根のようすを表しているのは，A，Bのどちらか。

3　a 主根
　　b 側根
　　c ひげ根

4　根毛

5　A

◉芽生え

□ 6* 被子植物のうち，子葉が2枚の植物を双子葉類，子葉が1枚の植物を単子葉類という。

得点
アップ
UP

◉双子葉類と単子葉類の葉や根のつくり
▶双子葉類…子葉が2枚，網状脈，主根と側根をもつ。
▶単子葉類…子葉が1枚，平行脈，ひげ根。

社会　理科　数学　英語　国語

# 29 裸子植物

重要度
☆☆☆

問題 次の各問いに答えなさい。

解答

◉裸子植物のからだのつくり

□ 1* 以下の文の（　　）にあてはまる語句を入れよ。
（ ① ）がなく，（ ② ）がむき出しになっている
植物を裸子植物という。

1 ①子房
②胚珠

□ 2 下図は，イチョウを表している。A，Bの花を
それぞれ何というか。

2 A雄花
B雌花

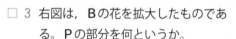

□ 3 右図は，Bの花を拡大したものであ
る。Pの部分を何というか。

3 胚珠
解説 受粉後，胚珠が成長
して種子になる。子房がな
いので果実はできない。

□ 4 裸子植物にあてはまる特徴を，次の
ア〜オからすべて選び，記号で答えよ。
ア 花をさかせる。　　イ 種子をつくる。
ウ 果実ができる。　　エ 胚珠がある。
オ 花弁がある。

4 ア，イ，エ
解説 裸子植物は，花をさ
かせ，種子をつくって子孫
をふやす種子植物である。
裸子植物の花には子房や花
弁がない。

◉裸子植物のなかま

□ 5* 次の植物のうち，裸子植物はどれか。ア〜カか
らすべて選び，記号で答えよ。
ア サクラ　　イ スギ　　ウ トウモロコシ
エ ソテツ　　オ マツ　　カ アサガオ

5 イ，エ，オ

得点
アップ
UP

◉裸子植物の特徴となかま
▶裸子植物には子房がなく，胚珠がむき出しになっている。
例 マツ，イチョウ，スギ，ソテツ，モミなど

# 30 種子をつくる植物

重要度
☆☆☆

**問題** 次の各問いに答えなさい。

解答

社会
理科
数学
英語
国語

## ●種子植物の分類

□ 1* 以下の文の（　）にあてはまる語句を入れよ。
　　　種子植物は，子房がなく，胚珠がむき出しの
　　　（ ① ）と，胚珠が子房に包まれている（ ② ）に
　　　分けられる。

1　①裸子植物
　　②被子植物

□ 2 以下の文の（　）にあてはまる語句を入れよ。
　　　被子植物は，子葉が1枚の（ ① ）と，子葉が2
　　　枚の（ ② ）に分けられる。

2　①単子葉類
　　②双子葉類

□ 3* 右図の葉，根は，単
　　　子葉類，双子葉類の
　　　どちらのようすを表
　　　したものか。

葉　　　　根

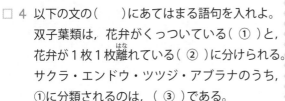

3　（葉）双子葉類
　　（根）双子葉類

□ 4 以下の文の（　）にあてはまる語句を入れよ。
　　　双子葉類は，花弁がくっついている（ ① ）と，
　　　花弁が1枚1枚離れている（ ② ）に分けられる。
　　　サクラ・エンドウ・ツツジ・アブラナのうち，
　　　①に分類されるのは，（ ③ ）である。

4　①合弁花類
　　②離弁花類
　　③ツツジ

## ●種子の散らばり方

□ 5 右図は，タンポポとマツの種
　　　子を表している。これらの種
　　　子は，どのようにして散らば
　　　るか。

タンポポ　マツ

5　風によって運ば
　　れて散らばる。

得点
アップ
UP

◎種子の運ばれ方
▶種子は風に運ばれる以外にも，動物に食べられて運ばれたり，水に
　運ばれたり，さまざまな方法で運ばれる。

生物

月　日

# 31 種子をつくらない植物 ① シダ植物

重要度
★★☆

問題 次の各問いに答えなさい。

解答

◉シダ植物のからだのつくり

□ 1* 以下の文の（　　）にあてはまる語句を入れよ。
イヌワラビは花をさかせず，（ ① ）をつくらない。また，根・茎・葉の区別が（ ② ）。このような植物のなかまを
（ ③ ）という。（ ④ ）は
地中にあるものが多い。

1 ①種　子
　②あ　る
　③シダ植物
　④茎

□ 2 右図は，イヌワラビのからだのつくりを表したものである。a～cの部分をそれぞれ何というか。

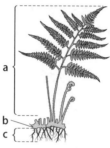

2 a葉
　b茎(地下茎)
　c根

□ 3* イヌワラビの葉の裏側に見られる右図のd，eをそれぞれ何というか。

3 d胞子のう
　e胞　子

◉シダ植物のふえ方

5 種子をつくらないシダ植物は，胞子でふえる。
シダ植物の胞子のうから出た胞子は，
しめった地面に落ちると発芽して，成長する。

得点
アップ
UP

◉シダ植物の特徴
▶胞子でふえる。
▶根・茎・葉の区別がある。

82

# 32 種子をつくらない植物 ② コケ植物

**問題** 次の各問いに答えなさい。

◉コケ植物のからだのつくり

□ 1* 以下の文の（　）にあてはまる語句を入れよ。
　　ゼニゴケのように，（ ① ）をつくってふえ，
　　根・茎・葉の区別が（ ② ）植物のなかまを
　　（ ③ ）という。

□ 2 スギゴケのからだのつくりを
　　表した右図のＡ，Ｂのうち，
　　雄株はどちらか。

□ 3* 右図のａ，ｂの部分を何とい
　　うか。

□ 4* ゼニゴケのからだの
　　つくりを表した右図
　　のＣ，Ｄのうち，雌
　　株はどちらか。

□ 5 スギゴケやゼニゴケ
　　は，水分などをどこからとり入れるか。

◉コケ植物の特徴

□ 6 次のア～ウのうち，コケ植物にあてはまる特徴
　　はどれか。
　　ア 種子をつくる。　　　イ 雄株と雌株がある。
　　ウ 根・茎・葉の区別がある。

---

## 解答

1　①胞子
　　②ない
　　③コケ植物

2　Ａ

3　ａ胞子のう
　　ｂ仮根
**解説** 仮根には，おもにか
らだを地面に固定させる役
割がある。

4　Ｄ

5　からだの表面

6　イ
**解説** コケ植物は，胞子で
ふえ，根・茎・葉の区別が
ない。

---

得点
アップ
UP

◎コケ植物の特徴
▶胞子でふえる。
▶根・茎・葉の区別がない。
▶雄株と雌株がある。

33

# 植物のなかま分け

重要度
☆☆☆

問題 次の各問いに答えなさい。

解答

## ●植物の分類

□ 1 植物は，からだのつくりによって分類することができる。

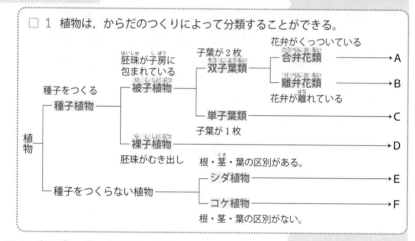

□ 2 次の①〜④の植物は，上図のA〜Fのどれに分
類されるか。

① イヌワラビ　　② スズメノカタビラ

③ アサガオ　　　④ ソテツ

2 ①E
②C
③A
④D

□ 3* 上図の種子をつくらない植物は何でふえるか。

3 胞子

## ●海藻のなかま

□ 4 以下の文の（　）にあてはまる語句を入れよ。

アオミドロなどの水中の小さな生物やワカメな
どの海藻は（　）に分類される。

4 藻類

解説 藻類は植物に分類さ
れない。

◎分類の観点

▶ 被子植物と裸子植物…胚珠のようす（子房の有無）で分類。

▶ 単子葉類と双子葉類…子葉の数，根や葉脈のようすで分類。

▶ シダ植物とコケ植物…根・茎・葉の区別の有無で分類。

# 34 セキツイ動物のなかま ①

重要度
☆☆☆

問題 次の各問いに答えなさい。

## ◉セキツイ動物の特徴

□ 1 背骨のある動物を何というか。また、背骨のない動物を何というか。

□ 2* 親が卵をうんで、卵から子がかえるうまれ方を何というか。

□ 3* 子が母親の体内である程度育ってからうまれるうまれ方を何というか。

□ 4* まわりの温度が変化しても、体温をほぼ一定に保つことができる動物を何というか。

□ 5* まわりの温度の変化にともなって体温が変化する動物を何というか。

## ◉魚類、両生類

□ 6 魚類の呼吸器官は何か。

□ 7* 両生類の子、親の呼吸器官はそれぞれ何か。

□ 8 魚類の体表は何でおおわれているか。

□ 9 魚類、両生類は、それぞれ恒温動物、変温動物のどちらか。

□ 10 次のア～オのうち、魚類、両生類はそれぞれどれか。

　　ア ハト　　　イ カメ
　　ウ メダカ　　エ ウマ
　　オ イモリ

### 解答

1 （ある動物）
　セキツイ動物
　（ない動物）
　無セキツイ動物

2 卵生
解説 魚類、両生類、ハ虫類、鳥類。

3 胎生
解説 ホ乳類だけ。

4 恒温動物
解説 鳥類、ホ乳類。

5 変温動物
解説 魚類、両生類、ハ虫類。

6 えら

7 （子）えらと皮膚
　（親）肺と皮膚

8 うろこ

9 （魚類）変温動物
　（両生類）変温動物

10 （魚類）ウ
　（両生類）オ

社会
理科
数学
英語
国語

得点
アップ
UP

◉子のうまれ方
▶魚　類…殻のない卵を水中にうむ。
▶両生類…殻がなく、寒天状のものに包まれている卵を水中にうむ。

# 35 セキツイ動物のなかま ②

重要度 ☆☆☆

**問題** 次の各問いに答えなさい。

**解答**

**●ハ虫類，鳥類**

□ 1 ハ虫類の呼吸器官は何か。

□ 2 鳥類の呼吸器官は何か。

□ 3 ハ虫類の体表は何でおおわれているか。

□ 4 鳥類の体表の大部分は何でおおわれているか。

□ 5 以下の文の（　）にあてはまる語句を入れよ。
　　ハ虫類，鳥類は，どちらも（　①　）に殻の（　②　）
　　卵をうむ。

□ 6 親が卵をあたためて，かえった子に食物をあた
　　えて育てるものが多いのは，ハ虫類，鳥類のど
　　ちらか。

□ 7* 右図は，まわりの温度と2種
　　類のセキツイ動物の体温との
　　関係を表している。ハ虫類，
　　鳥類の体温は，A，Bどちら
　　のように変化するか。

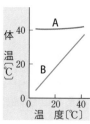

□ 8 次のア～オのうち，ハ虫類，
　　鳥類はどれか。

ア　フナ　　　　イ　カエル　　　　ウ　ニワトリ

エ　ウサギ　　　　オ　トカゲ

1　肺

2　肺

3　うろこやこうら

4　羽毛

5　①陸上
　　②ある

**解説** ハ虫類，鳥類は卵生。

6　鳥類

7　（ハ虫類）B
　　（鳥類）A

8　（ハ虫類）オ
　　（鳥類）ウ

**解説** フナは魚類，カエル
は両生類，ウサギはホ乳類。

**得点
アップ
UP**

**●子のうまれ方**

▶ハ虫類…弾力性のある殻に包まれた卵を陸上にうむ。

▶鳥　類…かたい殻に包まれた卵を陸上にうみ，親があたためる。

# 36 セキツイ動物のなかま ③

重要度
☆☆☆

**問題** 次の各問いに答えなさい。

解答

社会 理科 数学 英語 国語

## ●ホ乳類

- □ 1 ホ乳類の呼吸器官は何か。

  1 肺

- □ 2 ホ乳類の体表は何でおおわれているか。

  2 毛

  以下の文の（　　）にあてはまる語句を入れよ。

- □ 3* ホ乳類は，母親の（ ① ）の中である程度育って
  からうまれる。このようなうまれ方を（ ② ）と
  いい，子は母親の（ ③ ）を飲んで育つ。

  3 ①子宮（からだ）
  ②胎生
  ③乳

- □ 4 一般に，ホ乳類と魚類では，ホ乳類のほうが1
  回の産卵（子の）数は（ ① ）が，親まで育つ割合
  は（ ② ）。

  4 ①少ない
  ②高い

- □ 5 ホ乳類は，恒温動物，変温動物のどちらか。

  5 恒温動物

## ●草食動物と肉食動物

- □ 6 **図1**はライオンとシマウマの目のつ
  き方の違いを表している。**図2**のB
  はライオン，Aはシマウマの頭骨を
  表したものである。

- □ 7 ライオンの目は前向きについている
  ので，立体的に見える範囲が広い。
  また，えものをしとめるための犬歯
  が発達している。

- □ 8 シマウマの目は横向きについている
  ので，広い範囲を見渡すことができる。また，草をかみ切るための門
  歯と草をすりつぶすための臼歯が発達している。

図1　ライオン　　シマウマ

図2
A　　　B

得点
アップ
UP

**●子のうまれ方**

▶ ホ乳類…母親の子宮（体内）でへそのおを通して親から栄養分や酸素を
もらって育ち，ある程度育ってからうまれる。

生物

月　日

# 無セキツイ動物のなかま ①

重要度
☆☆☆

**問題** 次の各問いに答えなさい。

解答

### ●甲殻類

□ 1 カニやエビなどのなかまを何類というか。

□ 2 以下の文の（　）にあてはまる語句を入れよ。
カニやエビなどのからだは（ ① ）というかたい
殻でおおわれており，からだを支えたり保護し
たりしている。また，①とその内側にある
（ ② ）で，からだ
を動かしている。

□ 3 右図は，ザリガニ
のからだのつくり
を表している。a
の部分を何というか。

□ 4 上図のA，Bの部分を何部というか。

| | |
|---|---|
| 1 | 甲殻類 |
| 2 | ①外骨格 |
| | ②筋　肉 |
| 3 | 触　角 |
| 4 | A頭胸部 |
| | B腹　部 |

### ●昆虫類

□ 5 右図は，バッタのからだのつくりを表
している。バッタのからだはAの頭
部，Bの胸部，Cの腹部に分かれ，触
角や目などはA（頭部）に，6本のあし
はB（胸部）についている。

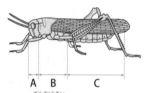

□ 6 バッタのようなからだのつくりをもつなかまを昆虫類という。

□ 7 バッタのからだは，カニやエビと同様に外骨格でおおわれ，からだや
あしに節がある。このような動物をまとめて節足動物という。

●節足動物の特徴
▶背骨はなく，からだは外骨格でおおわれている。
▶からだやあしに節がある。

# 38 無セキツイ動物のなかま ②

重要度
☆☆☆

問題 次の各問いに答えなさい。

解答

### ●軟体動物，その他の無セキツイ動物

□ 1　タコやイカのなかまの内臓は，何でおおわれて
　　　いるか。

□ 2　タコやイカのように，からだとあしに節がなく，
　　　内臓が1でおおわれている動物のなかまを何
　　　というか。

□ 3　イカの呼吸器官は何か。

□ 4　次のア～ウのうち，軟体動物はどれか。
　　　ア アサリ　　イ ザリガニ　　ウ ミミズ

| 1 | 外とう膜 |
|---|---|
| 2 | 軟体動物 |
| 3 | えら |
| 4 | ア |

解説 ザリガニは甲殻類，
ミミズは節足動物・軟体動
物以外の無セキツイ動物。

### ●動物の分類

□ 5　下の図は，いろいろな動物をA～Dの4つのグループに分けたもので
　　　ある。背骨があるのは，AとDのグループである。

A

イヌ
ハト

B

マイマイ

ミミズ

C

カニ
クモ

D

フナ
カエル

□ 6　まわりの温度が変化しても体温をほぼ一定に保つことができるのは，
　　　Aのグループである。

□ 7　からだが外骨格でおおわれ，あしに節があるのはCのグループであ
　　　る。

得点
アップ
UP

●無セキツイ動物の分類
▶無セキツイ動物は，軟体動物と節足動物（甲殻類や昆虫類など），
その他のグループに分けられる。

社会
理科
数学
英語
国語

89

# 39 火山活動とマグマ

重要度
☆ ☆ ☆

**問題** 次の各問いに答えなさい。

解答

## ●火山のつくり

☐ 1 地下深くで，高温のために岩石がどろどろにとけた物質を何というか。

1　マグマ

☐ 2 火山の噴火によって，火口からふき出したものを何というか。

2　火山噴出物

**解説** 火山噴出物には，溶岩，火山ガス，火山灰，火山れき，火山弾，軽石などがある。

☐ 3 右図は，火山の噴火とその地下のようすを表したものである。次の問いに答えよ。

① 直径 2 mm 以下のAの粒を何というか。

② マグマが地表に流れ出たBの液体状のものや，それが冷え固まったものを何というか。

3　①火山灰
　　②溶　岩

☐ 4* マグマが冷えて固まってできた岩石を何というか。

4　火成岩

## ●マグマと火山の形

☐ 5* 火山の形はマグマの粘り気に影響される。

| 火山の形 | A | B | C |
|---|---|---|---|
| マグマの粘り気 | ［強い］ | ←――――――→ | ［弱い］ |
| 噴出物の色 | ［白］っぽい | ←――――――→ | ［黒］っぽい |
| 噴火のようす | ［激しい］ | ←――――――→ | ［おだやか］ |

☐ 6 表のA〜Cの形のうち，雲仙普賢岳はAの形に近い。

得点
アップ
UP

●マグマと火山の形

▶火山の形は，マグマの粘り気によって決まる。

# 40 火 成 岩

重要度
☆☆☆

**問題** 次の各問いに答えなさい。

解答

### ●火成岩の種類と特徴

□ 1* マグマが地表や地表近くで，急に冷えて固まっ
てできた岩石を何というか。

1 火山岩

□ 2* マグマが地下深くで，ゆっくり冷えて固まって
できた岩石を何というか。

2 深成岩

□ 3 図1は，安山岩のつくりを表し
ている。a，bの部分をそれぞ
れ何というか。

図1

3 a石　基
b斑　晶

□ 4* 図1のようなつくりを何という
か。

4 斑状組織
**解説** 安山岩は火山岩であ
る。

□ 5* 図2は，花こう岩のつくりを表
している。このように同じくら
いの大きさの鉱物でできたつく
りを何というか。

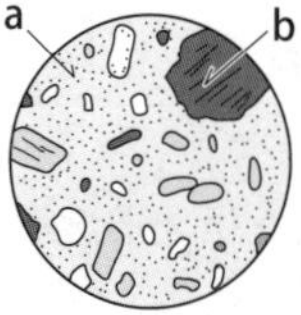

図2

5 等粒状組織
**解説** 花こう岩は深成岩で
ある。

### ●鉱物の特徴

□ 6 無色鉱物を多く含む岩石は白
っぽく，有色鉱物を多く含む
岩石は黒っぽく見える。

□ 7 無色・白色で，不規則に割れ
る鉱物はセキエイである。

□ 8 黒色～かっ色の板状で，決ま
った方向にうすくはがれる鉱
物はクロウンモである。

| 色調 | 白っぽい ←―――――――――→ 黒っぽい | | |
|---|---|---|---|
| 火山岩 | 流紋岩 | 安山岩 | 玄武岩 |
| 深成岩 | 花こう岩 | 閃緑岩 | 斑れい岩 |
| 鉱物組成 | セキエイ / クロウンモ | チョウ石 / カクセン石 | その他の鉱物 / カンラン石 / キ石 |

（鉱物組成：100% / 50 / 0）

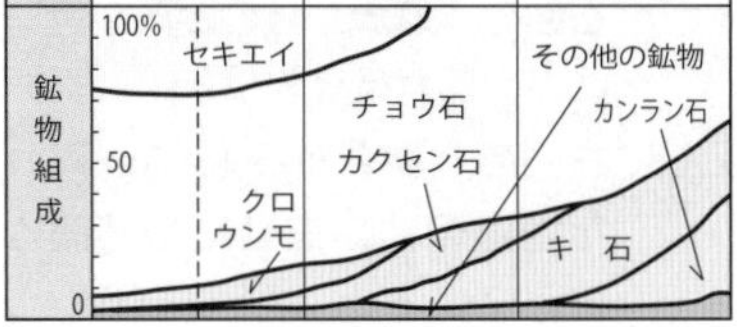

得点
アップ
UP

**◎火山岩と深成岩**

▶火山岩と深成岩は，冷え固まった場所と時間がちがう。

# 41 地震の伝わり方

重要度
☆☆☆

問題 次の各問いに答えなさい。

解答

## ◉地震のゆれ

☐ 1 以下の文の（　　）にあてはまる語句を入れよ。
地震が発生した場所を（ ① ）といい，①の真上
の地表の地点を（ ② ）という。

☐ 2★ 右図は，ある地震の地震
計の記録である。a，b
のゆれをそれぞれ何とい
うか。

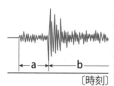

〔時刻〕

☐ 3★ 右図のa，bのゆれを伝える波をそれぞれ何と
いうか。

☐ 4★ 右図のa，bのゆれを伝える波のうち，はやく
伝わるのは，a，bのどちらか。

☐ 5★ P波が到着してからS波が到着するまでの時
間を何というか。

1　①震　源
　　②震　央

2　a初期微動
　　b主要動

解説 はじめの小さなゆれ
を初期微動，その後の大き
なゆれを主要動という。

3　aP　波
　　bS　波

4　a

5　初期微動継続時間
　（P－S時間）

## ◉地震のゆれの伝わり方

☐ 6 右図で，震源からの距離が遠い
ほど，ゆれ始めの時刻は遅い。

☐ 7 右図で，震源からの距離が近い
ほど，ゆれは大きい。

☐ 8 右図で，震源から 136 km 離れ
た地点の初期微動継続時間は
17 秒である。

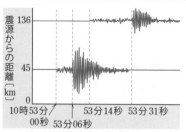

☐ 9★ 右図で，震源からの距離が遠いほど，初期微動継続時間は長い。

得点
アップ
UP

◉初期微動継続時間と震源からの距離

▶初期微動継続時間は，震源からの距離が遠くなるほど長くなる。

# 42 地震のゆれと大地の変化

重要度
☆☆☆

問題 次の各問いに答えなさい。

◉地震のゆれと規模

□ 1* 地震によるある地点でのゆれの大きさの程度は何で表すか。

□ 2* 地震の規模の大きさは何で表すか。

□ 3 以下の文の（　）にあてはまる語句を入れよ。
同じ震源で起こった地震は，一般にマグニチュードが大きいほど，震央付近のゆれが（ ① ），ゆれが伝わる範囲が（ ② ）。

□ 4 地球の表面をおおっている，厚さ 100 km ほどの岩盤の層を何というか。

□ 5 地震によって，大地がもち上がることを何というか。また，大地が沈むことを何というか。

解答

1　震度
解説 震度は，日本では 10 階級に分けられている。

2　マグニチュード（M）

3　①大きく
　　②広い

4　プレート

5　（もち上がる）隆起
　　（沈む）沈降

◉地震が起こるしくみ

□ 6 震源では，地下に大きな力が加わり，岩盤が破壊されて断層ができると同時に地震のゆれが起こる。

□ 7* プレートの境界では，沈みこむ海洋プレートが大陸プレートを引きずりこんでひずみが生じ，限界に達すると大陸の隆起や破壊により，地震が起こる。このような地震をプレート境界型（海溝型）地震という。

□ 8* 日本付近では，内陸型地震を除くと，太平洋側から日本海側へいくほど，震源は深くなっている。

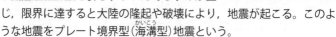

得点
アップ
UP

◉海溝とトラフ

▶海溝…海底の深く長い谷。日本海溝など。

▶トラフ…海溝より浅く，幅の広いもの。南海トラフなど。

# 43 火山・地震による災害

重要度
☆☆☆

**問題** 次の各問いに答えなさい。

解答

### ●火山による災害

□ 1 火山噴出物のうち，風によって遠くまで降り注ぎ交通障害や停電を引き起こすものを何というか。

1 火山灰

□ 2* 高温の火山噴出物が，高温のガスとともに山の斜面を高速で流れる現象を何というか。

2 火砕流（かさいりゅう）
**解説** 火砕流により家屋の倒壊（とうかい）や火災などの災害が起こる。

□ 3 火山の熱でとけた雪や山に降った雨が，山の斜面にたまっていた火山噴出物や土砂といっしょに一気に押し流される現象を何というか。

3 土石流（泥流）（でいりゅう）

### ●地震による災害

□ 4* 地震にともなって海底が変形することで，大きな波が起きる現象を何というか。

4 津波（つなみ）

□ 5* 地震のゆれによって，地面が急にやわらかく弱くなる現象を何というか。

5 液状化

### ●火山や地震による災害への備え

□ 6* 地震や火山活動，大雨などが起こったときの被害予想や避難場所などを示した地図のことを何というか。

6 ハザードマップ

□ 7* P波とS波の伝わる速さの違いを利用して，地震が発生したときに地震波がせまっていることを知らせるものを何というか。

7 緊急地震速報（きんきゅう）
**解説** 震源に近い場所で感知したP波から，各地のS波の到達時刻や震度を予測して知らせる。

得点
アップ
UP

### ●火山による恵みと災害

▶恵み→温泉，地熱発電，美しい景観

▶災害→火山灰による交通障害や停電，火山ガスによる健康被害，火砕流による家屋の倒壊（とうかい）や火災，土石流による家屋の倒壊

# 44 地層のつくり

重要度
☆☆☆

問題 次の各問いに答えなさい。

解答

◉地層のでき方と広がり

□ 1 地表の岩石が気温の変化や風雨などによって表面からもろくなることを何というか。

1 風化

□ 2 以下の文の（　）にあてはまる語句を入れよ。
流水がもろくなった岩石をけずりとるはたらきを（ ① ）といい，けずりとられた土砂などを運ぶはたらきを（ ② ）という。運ばれてきた土砂などが，流れのゆるやかになったところに積もっていくことを（ ③ ）という。

2 ①侵食
②運搬
③堆積

□ 3 れき，砂，泥が同時に堆積するとき，最も速く沈むのはどれか。

3 れき
解説 粒の大きなものほど速く沈む。

□ 4 流水によって海に運ばれた泥は，下図のa～cのどこに最も多く堆積するか。

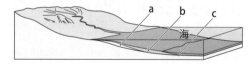

4 c
解説 粒が小さいほど，岸から離れた沖合まで運ばれて堆積する。

◉地層のようす

□ 5 右図のように，ある地域の地層の重なり方を表したものを柱状図という。

□ 6 火山灰の層のように，地層の広がりを知る目印になるものをかぎ層という。

◉れき・砂・泥の堆積のしかた

▶水中では，大きい粒ほど速く沈むため（粒の大きさ：れき＞砂＞泥），河口近くにはれきや砂が堆積し，沖合には泥が堆積しやすい。

社会 理科 数学 英語 国語

# 45 堆 積 岩

重要度
☆☆☆

**問題** 次の各問いに答えなさい。

解答

## ●堆積岩の種類と特徴

☐ 1 地層をつくる堆積物が，さらにその上に堆積したものの重みなどで長い年月の間に押し固められてできた岩石を何というか。

☐ 2 れき岩，砂岩，泥岩は，ふくまれる粒の何によって区別されるか。

☐ 3 火山灰などの火山噴出物が堆積してできた岩石を何というか。

☐ 4 石灰岩にうすい塩酸をかけると，何という気体が発生するか。

☐ 5 生物の死がいや水にとけていた成分が沈殿したものなどが海底などで固まってできた堆積岩は何か。2つ答えよ。

☐ 6 ふくまれる粒が丸みを帯びていることが多いのは，れき岩，凝灰岩のどちらか。

1 堆積岩

2 大きさ
**解説** 粒の直径が，
2 mm 以上…れき岩
$2 \sim 0.06 \left( \frac{1}{16} \right)$ mm…砂岩
$0.06 \left( \frac{1}{16} \right)$ mm 以下…泥岩

3 凝灰岩

4 二酸化炭素

5 石灰岩，チャート
**解説** チャートにうすい塩酸をかけても気体は発生しない。

6 れき岩

## ●堆積岩のつくり

☐ 7 右図の堆積岩のスケッチは，構成する粒の直径が $2$ mm～$0.06 \left( \frac{1}{16} \right)$ mm であることから砂岩であるとわかる。この粒は，川などの流水による運搬の途中でけずられて，丸みを帯びた形をしている。

2mm

得点
アップ
UP

**●堆積岩のでき方と種類**

▶ 土砂が堆積して固まった…れき岩・砂岩・泥岩（粒の大きさで区別）

▶ 生物の死がいなどが堆積して固まった…石灰岩（うすい塩酸をかけると二酸化炭素が発生），チャート

▶ 火山噴出物が堆積して固まった…凝灰岩

# 46 大地の変動

重要度
☆☆☆

**問題** 次の各問いに答えなさい。

解答

## ●地層からわかる大地の変動

□ 1 海底にある狭く細長い溝状の地形を何というか。

1 海溝

□ 2* 地下に大きな力がはたらき，岩盤や地層が破壊されてできたずれを何というか。

2 断層

□ 3 下図のA，Bの断層は，水平方向に引っ張る力，おす力のどちらがはたらいてできたか。ただし，矢印はずれの方向を示している。

3 A引っ張る力
　B おす力

**解説** Aを正断層，Bを逆断層という。ほかに，水平にずれて食いちがいができた横ずれ断層がある。

A 　　B

□ 4 地下浅くで起こった大地震によって残った断層が，その後もくり返しずれて地震を起こす可能性があるものを何というか。

4 活断層

## ●地層と大地の変化

□ 5* 右図のように，地層に大きな力がはたらき，波打つように曲がったものをしゅう曲という。

□ 6 連続して水平に堆積した地層の重なり方を整合という。また，右図のように，上下の地層が中断されて不連続になった地層の重なり方を不整合といい，境のxの面を不整合面という。

x

□ 7 ヒマラヤ山脈は，長い年月の間，（大陸）プレートどうしがおし合うことによって境目につくられた。

得点
アップ
UP

◎不整合のでき方
▶①地層が堆積する→②土地が隆起して陸になり，侵食される→③土地が沈降して，その上に地層が堆積する→④土地が再び隆起して地上に現れる

地学

# 47 大地のつくりと土地の変化

重要度
☆☆☆

**問題** 次の各問いに答えなさい。

解答

## ◎大地のつくり

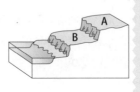

□ 1* 地震による土地の隆起や海水面の低下と波による侵食によってできた，右図のような階段状の地形を何というか。

1 海岸段丘

□ 2 上図の平らな面A，Bのうち，古い時代にできたのはどちらか。

2 A
**解説** 上にある平らな面（段丘面という）ほど，古い。

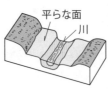

平らな面
川

□ 3 地震などによる土地の隆起と流水による川底の侵食によってできた，右図のような階段状の地形を何というか。

3 河岸段丘

□ 4 地震などによる土地の沈降や海水面の上昇によってできた，複雑に入り組んだ湾が続く海岸を何というか。

4 リアス海岸

## ◎地球内部のつくり

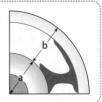

□ 5 右図は，地球内部のつくりの一部を表していて，aを核（コア），bをマントルという。bが地球の内部で対流することによって，プレートが動き，地震が起こる。また，岩石の一部がとけてできたマグマは上昇して火山となる。

得点
アップ
UP

◎土地の変化と大地のつくり

▶ 土地の隆起や海水面の低下…海岸段丘，河岸段丘

▶ 土地の沈降や海水面の上昇…リアス海岸

# 48 地層と化石

重要度
☆☆☆

問題　次の各問いに答えなさい。

解答

◎化　石

□ 1 生物の死がいや足あとなどが土砂などの堆積によって埋められ，地層の中に残されたものを何というか。

1　化石

□ 2 化石を含むことがあるのは，火成岩，堆積岩のどちらか。

2　堆積岩

□ 3 地層ができた当時の環境を推定する手がかりとなる化石を何というか。

3　示相化石
解説　限られた環境にしかすめない生物の化石。

□ 4 サンゴの化石をふくむ地層ができた当時，どのような環境であったと考えられるか。

4　あたたかくて浅い海

□ 5 地層のできた年代を推定する手がかりになる化石を何というか。

5　示準化石

◎示準化石と地質年代

□ 6 以下の文の（　）にあてはまる語句を入れよ。
示準化石には，（　①　）範囲にすんでいて，（　②　）期間に栄えて絶滅した生物の化石が適している。

6　①広い
　　②短い

□ 7 フズリナが栄えた年代（地質年代）はいつか。

7　古生代

□ 8 右図は，何という生物の化石か。
また，この生物が栄えた年代（地質年代）はいつか。

8　（化石）
アンモナイト
（年代）中生代

得点
アップ
UP

◎地質年代と示準化石

|  | 古生代 | 中生代 | 新生代 |
|---|---|---|---|
| 示準化石 | サンヨウチュウ<br>フズリナ | アンモナイト<br>恐竜 | ビカリア（新第三紀）<br>ナウマンゾウ（第四紀） |

社会
理科
数学
英語
国語

# 1

## 正の数・負の数

重要度
☆☆☆

**問題** 次の各問いに答えなさい。

解答

得点 アップ UP　符号のついた数

①0より小さい数を負の数といい，負の符号－をつけて表す。
②0より大きい数を正の数といい，正の符号＋をつけて表すこともある。
③正の整数を自然数ともいう。0は，正でも負でもない数である。
④基準とのちがいを，正の数，負の数を使って表すことができる。

□ 1　下の □ の中から，負の数を選びなさい。

$$+6 \quad -4 \quad 0 \quad -2.8 \quad +\frac{5}{7}$$

□ 2　上の □ の中から，自然数を選びなさい。

□ 3　「800円の収入」を「＋800円」と表すときの，
　　「300円の支出」を表しなさい。

□ 4　「2m低い」を，「高い」を使って表しなさい。

□ 5* 正午を基準として，「午後4時」を「＋4時」
　　と表すとき，「午前9時」はどう表しますか。

1　－4，－2.8

2　＋6

3　－300円

4　－2m高い

5　－3時
**解説**

┌──── ＋4時 ───┐
8 9 10 11 正 1 2 3 4 (時)
午前　午　午後

得点 アップ UP　絶対値・数の大小

①数直線上で，0からある数までの距離を，その数の絶対値という。
②正の数 ➡ 絶対値が大きいほど大きい。
　負の数 ➡ 絶対値が大きいほど小さい。

□ 6　絶対値が6の数をすべていいなさい。

□ 7* 絶対値が2以下の整数をすべていいなさい。

□ 8* －1，＋2，－5の大小を，不等号を使って表し
　　なさい。

6　＋6，－6

7　－2，－1，0，1，2

8　－5＜－1＜＋2
**解説** 小 ─────➤ 大

－5　　－1　0　＋2

# 2 正の数・負の数の計算 ①

重要度
☆☆☆

**問題** 次の計算をしなさい。

解答

社会
理科
**数学**
英語
国語

---

### 得点 アップ UP　正負の数の加法・減法

加法 ➡ ①同符号の2数の和は,絶対値の和に,共通の符号をつける。
　　　②異符号の2数の和は,絶対値の差に,絶対値の大きい方の符号をつける。
減法 ➡ ひく数の符号を変えて,加法になおす。
加法と減法の混じった計算 ➡ 加法だけの式になおす。
➡ 正の数の項の和・負の数の項の和を求める。 ➡ 2数の和を求める。

---

□ 1* $(-3.6)+(-2.4)$

□ 2* $(+28)+(-18)$

□ 3* $(+9)-(+3)$

□ 4* $(-10)-(-6)$

□ 5 $(+8)-(+9)+(-2)-(-6)$

□ 6* $-15+1-4+13$

1　$-6$

2　$+10$

3　$+6$

4　$-4$
**解説** $(-10)+(+6)$

5　$+3$
**解説** $(+8)+(-9)$
$+(-2)+(+6)$
$=(+8)+(+6)+(-9)+(-2)$

6　$-5$

---

### 得点 アップ UP　正負の数の乗法・除法

$(+)\times(+)$ ➡ $(+)$ 　$(-)\times(-)$ ➡ $(+)$ 　$(+)\times(-)$ ➡ $(-)$ 　$(-)\times(+)$ ➡ $(-)$
$(+)\div(+)$ ➡ $(+)$ 　$(-)\div(-)$ ➡ $(+)$ 　$(+)\div(-)$ ➡ $(-)$ 　$(-)\div(+)$ ➡ $(-)$
$(-)$ の数が偶数個のとき ➡ $(+)$ 　　$(-)$ の数が奇数個のとき ➡ $(-)$
乗除の混じった式は,わる数の逆数を使って乗法だけの式になおす。

---

□ 7 $(-9)\times(-4)$

□ 8 $(-24)\div6$

□ 9 $(-45)\div(-15)$

□ 10* $-2^4$

□ 11* $\dfrac{5}{6}\div\left(-\dfrac{3}{4}\right)\div(-8)\times2.4$

7　36

8　$-4$

9　3

10　$-16$
**解説** $-(2\times2\times2\times2)$

11　$\dfrac{1}{3}$

**解説** $-\dfrac{3}{4}$ の逆数は $-\dfrac{4}{3}$

# 3 正の数・負の数の計算 ②

重要度 ☆☆☆

問題 次の各問いに答えなさい。

解答

得点 アップ UP　四則の混じった計算

計算の順序は，累乗・かっこの中 ➡ 乗除 ➡ 加減

次の計算をしなさい。

□ 1　$32-(-3)\times9$

□ 2　$75\div(-5)+(-7)\times(-2)$

□ 3　$(-3)^3+72\div(-2^3)$

□ 4* $18-(80-4^2)\div32$

1　59

2　$-1$

3　$-36$

4　16
解説 $18-(80-16)\div32$
$=18-64\div32$

得点 アップ UP　分配法則

$(a+b)\times c=a\times c+b\times c$　　$c\times(a+b)=c\times a+c\times b$

次の計算をしなさい。

□ 5* $\left(\dfrac{5}{8}-\dfrac{2}{3}\right)\times24$

□ 6* $125\times(-28)+(-25)\times(-28)$

5　$-1$
解説 $\dfrac{5}{8}\times24-\dfrac{2}{3}\times24$

6　$-2800$
解説 $(125-25)\times(-28)$

得点 アップ UP　素数・素因数分解

①素数…1とその数自身のほかに約数をもたない自然数。
　　　1は素数にふくまない。
②素因数分解…自然数を素数の積として表すこと。

□ 7　次の数の中から素数をすべて求めなさい。

　　1, 2, 3, 7, 9, 11, 15, 17, 24, 31

□ 8　84 を素因数分解しなさい。

7　2, 3, 7, 11, 17, 31

8　$2^2\times3\times7$

# 4 文字を使った式

重要度
☆ ☆ ☆

**問題** 次の各問いに答えなさい。

解答

社会　理科　数学　英語　国語

**得点 アップ UP　文字式の表し方**

積 ➡ ①乗法の記号 × は省く。
　　②数と文字の積は，数を文字の前に書く。
　　③同じ文字の積は，指数を使って表す。
商 ➡ 除法の記号 ÷ は使わず，分数の形で書く。

次の式や数量を，文字式の表し方にしたがって表しなさい。

□ 1　$x \times 5 \times y$

□ 2　$(x-9) \times (-3)$

□ 3* $(-1) \times a \times a \times b$

□ 4* $(a+b) \div 4$

□ 5* $12 \times x + y \div 5$

□ 6　1辺が $a$ cm の立方体の体積

□ 7* 1冊 $a$ 円のノートを $b$ 冊買って，1000 円出したときのおつり

□ 8* $x$ m の道のりを分速 60 m で歩いたときにかかる時間（分）

□ 9* 面積が $a$ m² の土地の 7 割の面積

1　$5xy$

2　$-3(x-9)$

3　$-a^2 b$

4　$\dfrac{a+b}{4}$

**解説** 分子の（ ）をはずす。

5　$12x + \dfrac{y}{5}$

6　$a^3$ cm³

7　$(1000 - ab)$ 円

8　$\dfrac{x}{60}$ 分

9　$\dfrac{7}{10} a$ m²$(0.7a$ m²$)$

**解説** 7割＝$\dfrac{7}{10}(=0.7)$

**得点 アップ UP　項・係数**

①$-2x+3$ で，＋ の記号で結ばれた $-2x$，3 を項という。
②文字をふくむ項の数字の部分を係数という。

□ 10　$-x + \dfrac{y}{4} + 6$ の項をいいなさい。

□ 11　10 の式で，$x$ の係数，$y$ の係数をいいなさい。

10　$-x$，$\dfrac{y}{4}$，6

11　$x$ の係数…$-1$

　　$y$ の係数…$\dfrac{1}{4}$

# 5 文字式の計算

重要度
☆☆☆

**問題** 次の計算をしなさい。

解答

### 得点 アップ UP 1次式の加法・減法

かっこの前が−のとき，かっこをはずすとかっこの中の各項の符号が変わる。
$$a-(b+c)=a-b-c \qquad a-(b-c)=a-b+c$$

☐ 1 $4x-5x$

☐ 2* $2x-4-x+8$

☐ 3 $3-\dfrac{1}{2}x-\dfrac{3}{2}+\dfrac{5}{2}x$

☐ 4* $(5x-9)+(4-7x)$

☐ 5* $(4a+7)-(9a+10)$

☐ 6* $\begin{array}{r} 2a-1 \\ -)\ -3a-4 \\ \hline \end{array}$

| | |
|---|---|
| 1 | $-x$ |
| 2 | $x+4$ |
| 3 | $2x+\dfrac{3}{2}$ |
| 4 | $-2x-5$ |
| 5 | $-5a-3$ |
| 6 | $5a+3$ |

**解説**

$\begin{array}{r} 2a-1 \\ -)\ -3a-4 \\ \hline \end{array}$ ➡ $\begin{array}{r} 2a-1 \\ +)\ 3a+4 \\ \hline \end{array}$

### 得点 アップ UP 項が2つ以上ある1次式と数の乗法・除法

①乗法 ➡ 分配法則を使う。 ②除法 ➡ わる数の逆数をかける。
$$\overbrace{m(a+b)}=ma+mb \qquad (a+b)\div m=\overbrace{(a+b)\times\dfrac{1}{m}}=\dfrac{a}{m}+\dfrac{b}{m}$$

☐ 7 $(-7)\times(-8a)$

☐ 8 $36x\div(-4)$

☐ 9* $-\dfrac{3}{4}(12a-28)$

☐ 10* $\left(\dfrac{3}{4}x-6\right)\div\left(-\dfrac{2}{3}\right)$

☐ 11* $2(x-4)+3(3x+1)$

☐ 12* $\dfrac{1}{2}(x+1)-\dfrac{1}{3}(x-2)$

| | |
|---|---|
| 7 | $56a$ |
| 8 | $-9x$ |
| 9 | $-9a+21$ |

**解説** $\left(-\dfrac{3}{4}\right)\times12a+\left(-\dfrac{3}{4}\right)\times(-28)$

| | |
|---|---|
| 10 | $-\dfrac{9}{8}x+9$ |

**解説** $\left(\dfrac{3}{4}x-6\right)\times\left(-\dfrac{3}{2}\right)$

| | |
|---|---|
| 11 | $11x-5$ |
| 12 | $\dfrac{1}{6}x+\dfrac{7}{6}$ |

# 6 関係を表す式

重要度
☆ ☆ ☆

問題 次の各問いに答えなさい。

解答

得点アップUP　等号・不等号

① $a$ は $b$ に等しい ➡ $a=b$

② $a$ は $b$ より大きい ➡ $a>b$　　$a$ は $b$ 以上 ➡ $a≧b$

　$a$ は $b$ より小さい（$b$ 未満）➡ $a<b$　　$a$ は $b$ 以下 ➡ $a≦b$

次の数量の関係を，等号か不等式に表しなさい。

□ 1* 1本 $x$ 円の鉛筆 4 本と，1 冊 $y$ 円のノート 2 冊を買ったとき，代金の合計は 800 円だった。

□ 2* $x$ 個のみかんを，1 人に 6 個ずつ $y$ 人に配ると，5 個余った。

□ 3 底辺 $x$ cm，高さ 15 cm の三角形の面積は $S$ cm² である。

□ 4* 定価 $a$ 円の商品を 2 割引きで売るときの値段は $b$ 円である。

□ 5 $x$ km の道のりを時速 50 km で進むと，2 時間以上かかる。

□ 6 400 枚の画用紙を，$x$ 人の子どもに 3 枚ずつ配ろうとしたが足りなかった。

□ 7* 598 円の品物を，100 円玉 $a$ 枚，10 円玉 $b$ 枚，1 円玉 $c$ 枚出して，買うことができた。

1　$4x+2y=800$

解説 鉛筆の代金…$4x$ 円
ノートの代金…$2y$ 円

2　$x=6y+5$

3　$\dfrac{15}{2}x=S$

4　$0.8a=b$

解説 $a×(1-0.2)=0.8a$

5　$\dfrac{x}{50}≧2$

解説 （時間）$=\dfrac{（道のり）}{（速さ）}$

6　$3x>400$

解説 配るのに必要な枚数は 400 枚より多い。

7　$100a+10b+c≧598$

解説 硬貨の合計金額が 598 円以上である。

得点アップUP　式の値

負の数を代入するときは，（　）をつける。

$x=-2$ のとき，次の式の値を求めなさい。

□ 8 $3x+9$

□ 9* $-x^2$

8　3

解説 $3×(-2)+9$

9　$-4$

解説 $-(-2)^2$
$=-\{(-2)×(-2)\}$

# 7 1次方程式の解き方

重要度
☆☆☆

問題 次の各問いに答えなさい。

解答

### 得点 アップ UP　1次方程式を解く手順

①文字をふくむ項を左辺へ，数の項を右辺へ移項する。移項するときは符号を変える。
②$ax=b$ の形にする。
③両辺を $x$ の係数 $a$ でわる。

$$3x - 2 = x + 4 \quad ①$$
$$3x - x = 4 + 2 \quad ②$$
$$2x = 6 \quad ③$$
$$x = 3$$

□ 1 次の方程式のうち，$-3$ が解であるものをいいなさい。

ア $2x+5=-1$ 　　イ $-x+4=1$

ウ $3(x+1)=-8$ 　　エ $4x+1=x-8$

次の方程式を解きなさい。

□ 2 $x-3=6$

□ 3 $x+15=40$

□ 4 $7x=63$

□ 5 $-4x=32$

□ 6 $16x=-2$

□ 7 $\dfrac{1}{3}x=6$

□ 8* $-\dfrac{3}{4}x=-12$

□ 9 $5x-1=-16$

□ 10 $3x=-x+4$

□ 11* $7x-9=-x+15$

□ 12* $-4x+28=4x+76$

□ 13* $10-6x=1+9x$

1 ア，エ

解説 ア～エの各式の $x$ に $-3$ を代入して，左辺と右辺が等しければ，$-3$ はその解である。

2 $x=9$

3 $x=25$

4 $x=9$

5 $x=-8$

6 $x=-\dfrac{1}{8}$

7 $x=18$

8 $x=16$

解説 両辺に $-\dfrac{4}{3}$ をかける。

9 $x=-3$

10 $x=1$

11 $x=3$

12 $x=-6$

解説 $-4x-4x=76-28$

13 $x=\dfrac{3}{5}$

解説 $-6x-9x=1-10$

106

# 8 いろいろな 1 次方程式

重要度
☆ ☆ ☆

**問題** 次の各問いに答えなさい。

解答

**得点 アップ UP　いろいろな 1 次方程式の解き方**

かっこのある方程式 ➡ 分配法則を使って，かっこをはずす。

係数に小数をふくむ方程式 ➡ 両辺に 10，100，…をかける。

係数に分数をふくむ方程式 ➡ 両辺に分母の最小公倍数をかける。

次の方程式を解きなさい。

□ 1　$2(x-1)+5=11$

□ 2*　$8x-3(1-2x)=25$

□ 3　$6(x+3)=2(5+x)$

□ 4　$0.5x-0.6=1.4$

□ 5*　$0.04x+0.15=0.3x-0.11$

□ 6*　$\dfrac{1}{3}x-2=\dfrac{1}{4}x$

□ 7*　$\dfrac{1}{4}x-\dfrac{3}{8}=\dfrac{1}{6}x-\dfrac{1}{2}$

□ 8　$\dfrac{2x-1}{3}=\dfrac{3x+1}{2}$

□ 9*　方程式 $1+2x=3x-a$ の解が $x=4$ であるとき，$a$ の値を求めなさい。

**得点 アップ UP　比例式の性質**

$a:b=c:d$ ならば，$ad=bc$

□ 10　比例式 $x:21=4:7$ で，$x$ の値を求めなさい。

□ 11*　比例式 $5:6=(x+8):18$ で，$x$ の値を求めなさい。

---

1　$x=4$

2　$x=2$
**解説** $8x-3+6x=25$

3　$x=-2$

4　$x=4$

5　$x=1$
**解説** $4x+15=30x-11$

6　$x=24$
**解説** $4x-24=3x$

7　$x=-\dfrac{3}{2}$
**解説** $6x-9=4x-12$

8　$x=-1$
**解説** $2(2x-1)=3(3x+1)$

9　$a=3$
**解説** $x=4$ を代入すると，
$1+8=12-a$

10　$x=12$
**解説** $7x=21\times4$

11　$x=7$
**解説** $5\times18=6(x+8)$

# 9

## 1次方程式の利用

重要度
☆☆☆

**問題** 次の各問いに答えなさい。

解答

**得点 アップ UP　1次方程式の解の確かめ**

求めた方程式の解が，問題に適しているか確かめる。

□ 1 ある数 $x$ を7倍して2をたした数は，$x$ に6を
たして5倍した数に等しい。ある数 $x$ を求め
なさい。

□ 2* 連続する3つの整数があり，それらの和は108
である。この3つの整数を求めなさい。

□ 3 連続する2つの奇数の和が64であるとき，こ
の2つの奇数を求めなさい。

□ 4 ある中学校の1年生は，女子が男子より15人
少なく，男女合わせて203人である。男子，女
子の人数はそれぞれ何人か，求めなさい。

□ 5* 1個50円のコロッケと1個80円のメンチカツ
を合わせて20個買って，2000円出すとおつり
が550円だった。コロッケ，メンチカツをそれ
ぞれ何個買ったか，求めなさい。

□ 6* 画用紙を，何人かの子どもに同じ数ずつ配る。
1人に3枚ずつ配ると16枚余り，5枚ずつ配る
と20枚足りない。子どもの人数は何人か，ま
た，画用紙は何枚か，求めなさい。

□ 7* 弟が家から2km離れた学校へ，分速60mで
向かった。兄は，弟が出発してから6分後に，
分速80mで同じ道を追いかけた。兄は家を出
発してから何分後に弟に追いつくか，また，そ
れは家から何mの地点か，求めなさい。

---

1　14
**解説** $7x+2=5(x+6)$

2　35, 36, 37
**解説** 最小の整数を $x$ と
すると，
$x+(x+1)+(x+2)=108$

3　31, 33
**解説** $x$ を整数とすると，
$(2x-1)+(2x+1)=64$

4　男子…109人
　　女子…94人
**解説** 男子を $x$ 人とする
と，$x+(x-15)=203$

5　コロッケ…5個
　　メンチカツ
　　　　　…15個
**解説** コロッケを $x$ 個と
すると，$50x+80(20-x)$
$=2000-550$

6　子ども…18人
　　画用紙…70枚
**解説** 子どもを $x$ 人とす
ると，$3x+16=5x-20$

7　18分後
　　1440mの地点
**解説** 兄が出発してから $x$
分後に弟に追いつくとす
ると，$60(x+6)=80x$　$x=18$
$80×18$

# 10 比 例 ①

重要度
☆☆☆

**問題** 次の各問いに答えなさい。

解答

得点 アップ **UP**　比例の式の求め方

$y=ax$（$a$ は比例定数）と表す。

➡ 対応する $x$, $y$ の値を代入し，$a$ の値を求める。

□ 1 分速 60 m の速さで $x$ 分歩いたときの進む道のりを $y$ m として，$x$ と $y$ の関係を表に示すと，下のようになる。A〜Dにあてはまる数を求めなさい。

| $x$ | 0 | 1 | 2 | 3 |
|---|---|---|---|---|
| $y$ | A | B | C | D |

□ 2* 1で，$x$ の値が 2 倍，3 倍になると，対応する $y$ の値はそれぞれ何倍になりますか。

□ 3 1で，$x$ と $y$ の関係を式で表しなさい。

次の $x$ と $y$ の関係を式で表しなさい。

□ 4 1個 120 円のりんごを $x$ 個買ったときの代金 $y$ 円

□ 5* 空の水そうに，水を毎分 8 L ずつ入れるとき，入れ始めてから $x$ 分後の水そうの水の量 $y$ L

□ 6 縦 4 cm，横 $x$ cm の長方形の面積 $y$ cm²

□ 7* $y$ は $x$ に比例し，$x=4$ のとき $y=12$

□ 8 $y$ は $x$ に比例し，$x=-2$ のとき $y=-10$

$y$ は $x$ に比例し，$x=3$ のとき $y=-6$ である。

□ 9* $y$ を $x$ の式で表しなさい。

□ 10* $x=-5$ のときの $y$ の値を求めなさい。

□ 11* $y=14$ のときの $x$ の値を求めなさい。

1 　A…0
　　B…60
　　C…120
　　D…180

2 　2 倍，3 倍になる。

3 　$y=60x$
**解説** （道のり）
＝（速さ）×（時間）

4 　$y=120x$

5 　$y=8x$

6 　$y=4x$

7 　$y=3x$
**解説** $y=ax$ に $x=4$，$y=12$ を代入すると，$12=a×4$

8 　$y=5x$
**解説** $y=ax$ に $x=-2$，$y=-10$ を代入すると，$-10=a×(-2)$

9 　$y=-2x$

10 　$y=10$
**解説** $y=-2x$ に $x=-5$ を代入すると，$y=(-2)×(-5)$

11 　$x=-7$
**解説** $y=-2x$ に $y=14$ を代入すると，$14=-2x$

# 11 比　例 ②

重要度
☆ ☆ ☆

**問題** 次の各問いに答えなさい。

解答

得点 アップ じP　比例のグラフ

$y=ax$ のグラフは，原点を通る直線である。
$a>0$ のとき ➡ 右上がり　　$a<0$ のとき ➡ 右下がり

次の図の座標やグラフの式を求めなさい。

□ 1* A の座標

□ 2　B の座標

□ 3* C の座標

□ 4* D の座標

□ 5* ①のグラフの式

□ 6　②のグラフの式

□ 7　③のグラフの式

□ 8* ④のグラフの式

□ 9* ④のグラフ上にあって $y$ 座標が 6 の点の座標

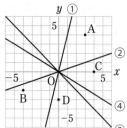

1　$(3,\ 4)$

2　$(-4,\ -2)$

3　$(4,\ 0)$

4　$(0,\ -3)$

5　$y=4x$

6　$y=\dfrac{1}{3}x$

7　$y=-x$

8　$y=-\dfrac{3}{5}x$

**解説** ④のグラフ上にある
点で，$x$ 座標，$y$ 座標とも
に整数である点 $(5,\ -3)$
に着目する。

9　$(-10,\ 6)$

右の長方形 ABCD で，点 P
は辺 BC 上を B から C まで進
む。BP を $x$ cm，三角形 ABP
の面積を $y$ cm² とする。

□ 10* $y$ を $x$ の式で表しなさい。

□ 11* $x$ の変域を求めなさい。

□ 12* グラフをかきなさい。

10　$y=\dfrac{5}{2}x$

11　$0\leqq x\leqq 8$

**解説** 点 P が進む長さの
範囲に着目する。

12

**解説** 変域に注意する。

# 12 反比例

重要度
☆☆☆

**問題** 次の各問いに答えなさい。

解答

**得点 アップ UP** 反比例の関係

式 ➡ $y=\dfrac{a}{x}$（$a$ は比例定数）　　グラフ ➡ なめらかな2つの曲線（双曲線）

□ 1 240 L 入る水そうに，毎分 $x$ L ずつ水を入れるときに，満水になるのにかかる時間を $y$ 分として，$x$ と $y$ の関係を表に示すと，下のようになる。A〜Dにあてはまる数を求めなさい。

| $x$ | 1 | 2 | 3 | … | 6 |
|---|---|---|---|---|---|
| $y$ | A | B | C | … | D |

□ 2★ 1で，$x$ の値が2倍，3倍になると，対応する $y$ の値はそれぞれ何倍になりますか。

□ 3 1で，$x$ と $y$ の関係を式に表しなさい。

□ 4★ $y$ は $x$ に反比例し，$x=5$ のとき $y=-3$ である。$x$ と $y$ の関係を式に表しなさい。

□ 5★ $y$ は $x$ に反比例し，$x=12$ のとき $y=\dfrac{5}{3}$ である。$x=-8$ のときの $y$ の値を求めなさい。

□ 6★ $y=\dfrac{12}{x}$ のグラフをかきなさい。

□ 7 $y=-\dfrac{8}{x}$ のグラフをかきなさい。

□ 8★ $y=\dfrac{4}{x}$ のグラフ上で，$x$ 座標，$y$ 座標ともに整数である点は何個ありますか。

---

1　A…240
　　B…120
　　C…80
　　D…40

2　$\dfrac{1}{2}$ 倍，$\dfrac{1}{3}$ 倍になる。

3　$y=\dfrac{240}{x}$

4　$y=-\dfrac{15}{x}$

5　$y=-\dfrac{5}{2}$

**解説** 4 と同じように $x$ と $y$ の関係を式に表し，その式に $x=-8$ を代入する。

6
7

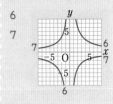

8　6個

**解説** $(1, 4)$，$(2, 2)$，$(4, 1)$，$(-1, -4)$，$(-2, -2)$，$(-4, -1)$

# 13 直線と角

重要度 ☆☆☆

**問題** 次の□をうめなさい。

解答

**得点 アップ UP　点と直線の距離・平行な2直線間の距離**

① 点Cと直線 AB との距離

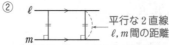
② 平行な2直線 $\ell$, $m$ 間の距離

□ 1　A———B　A———B
　　□AB　　　□AB

1　（左から順に）
　直線，線分

□ 2* 右の図で，2点 A, B 間の
距離は□cm

4cm　4cm
A　B　C

線分 AB と線分 BC の長さが等しいことを
AB□BC と表す。

2　（上から順に）
　4，＝

□ 3　3点 A, B, C を頂点とす
る三角形を，記号を用いて
□ABC と表す。

3　△

A
60°
70°　50°
B　　　　C

□ 4* 右の図で，∠ABC＝□°

4　70
**解説** 辺 AB と辺 BC でつくる角の大きさは 70°
左の図では，∠ABC を
∠CBA または ∠B と表すこともできる。
∠ACB＝50°，∠BAC＝60°

**右の図について，答えなさい。**

□ 5* 2直線 AB, CD の位
置関係を表すと，
AB□CD

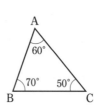
1cm
1cm
G•
C
A　　B
E　　　F
D

5　⊥
**解説** 2直線 AB と CD は垂直である。

□ 6* 2直線 AB, EF の位
置関係を表すと，AB□EF

6　//
**解説** 2直線 AB と EF は平行である。

□ 7* 点 G と直線 AB との距離は□cm

7　3
**解説** 点 G から直線 AB に垂線をひき，直線 AB との交点を H としたときの，線分 GH の長さ。

□ 8* 2直線 AB, EF 間の距離は□cm

8　2
**解説** 6 で考えた位置関係から求める。

# 14 図形の移動

重要度
☆☆☆

**問題** 次の各問いに答えなさい。

解答

## 得点 アップ UP　平行移動・回転移動・対称移動

①平行移動　　　②回転移動　　　③対称移動

回転の中心　回転の角　　　　　　対称の軸

右の図は，正六角形に対角線をひいて6つの合同な正三角形に分けたものである。

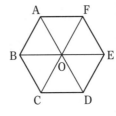

□ 1* △OAB を平行移動させて重なる三角形を，すべて答えなさい。

□ 2 △OEF を，点 O を回転の中心として反時計まわりに回転させると，△OAB に重なった。このときの，回転の角の大きさを求めなさい。

□ 3* △OAB を，点 O を回転の中心として点対称移動させて重なる三角形はどれですか。

□ 4* △OAF を，BE を対称の軸として対称移動させて重なる三角形はどれですか。

□ 5* △OAB を，対称移動させると △OED に重なった。このときの対称の軸はどれですか。

□ 6* △OEF を，正六角形の対角線を対称の軸として対称移動させたとき，重なる三角形をすべて答えなさい。

**1**　△DOC，△EFO
対応する点の順に書く

**解説**

**2**　120°
**解説** 正三角形の1つの角は60°である。

**3**　△ODE
**解説** 180°の回転移動を点対称移動という。

**4**　△OCD
**解説** 対称の軸について線対称な図形である。

**5**　FC
**解説** 対称の軸は，対応する2点を結ぶ線分を垂直に2等分する。

**6**　△OAF，△OED，△OCB
**解説** 対称の軸はそれぞれ FC，BE，AD である。

# 15 作　図

**問題** 次の作図をしなさい。

解答

**得点 アップ UP** 基本の作図

①直線 XY 上にない点
　P を通る XY の垂線

②線分 AB の垂直二
　等分線

③∠XOY の二等分線

□ 1* 直線 XY 上にある点 P を通る XY の垂線

1

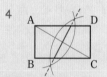

□ 2 △ABC の底辺を BC としたときの高さを表す線分 AH

2

□ 3 直線 ℓ 上にあって，2 点 A，B から等しい距離にある点 P

3

□ 4* 長方形 ABCD で，頂点 C を頂点 A に重ねたときにできる折り目

4

**解説** 線分 AC の垂直二等分線をひく。

5

**解説** 正三角形をかき，1 つの内角の二等分線をひく。

□ 5* 30° の大きさの角

# 16 円とおうぎ形

重要度
☆☆☆

**問題** 次の各問いに答えなさい。

解答

社会
理科
数学
英語
国語

**得点 アップ UP　おうぎ形の弧の長さ・面積**

半径 $r$，中心角 $a°$ のおうぎ形の弧の長さを $\ell$，面積を $S$ と
すると，

$\ell = 2\pi r \times \dfrac{a}{360}$

$S = \pi r^2 \times \dfrac{a}{360}$，　$S = \dfrac{1}{2}\ell r$

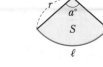

□ 1　右の図の①〜③を何といいま
　　 すか。

□ 2* 右の円で，点Pが接点とな
　　 る接線を作図しなさい。

□ 3　右の円の中心Oを，作図に
　　 よって求めなさい。

　　 次の長さ，面積，角度を求めなさい。

□ 4* 半径 10 cm の円の周の長さ

□ 5* 半径 5 cm の円の面積

□ 6* 半径 12 cm，中心角 60° のおうぎ形の弧の長さ

□ 7* 半径 15 cm，中心角 72° のおうぎ形の面積

□ 8* 半径 8 cm，弧の長さ $2\pi$ cm のおうぎ形の面積

□ 9* 半径 6 cm，弧の長さ $5\pi$ cm のおうぎ形の中心
　　 角の大きさ

**1**　①…弧 AB（$\overset{\frown}{AB}$）

　　②…弦 AB

　　③…中心角

**2**

**3**

**解説** 弦の垂直二等分線は
円の中心を通る。

**4**　$20\pi$ cm

**5**　$25\pi$ cm²

**6**　$4\pi$ cm

**7**　$45\pi$ cm²

**8**　$8\pi$ cm²

**9**　150°

**解説** 中心角の大きさを $a°$
とすると，

$2\pi \times 6 \times \dfrac{a}{360} = 5\pi$

# 17 いろいろな立体

重要度 ☆☆☆

問題 次の各問いに答えなさい。

解答

得点 アップ UP 角柱・角錐・円柱・円錐

| | 角柱 | 角錐 | 円柱 | 円錐 |
|---|---|---|---|---|
| 底面 | 2つの合同な多角形 | 1つの多角形 | 2つの合同な円 | 1つの円 |
| 側面 | 平面<br>長方形 | 平面<br>三角形 | 曲面<br>展開図は長方形 | 曲面<br>展開図はおうぎ形 |

□ 1* 次の立体の名前をいいなさい。

ア  イ  ウ

□ 2 1のア〜ウの立体のうち，多面体でないものはどれですか。

□ 3* 次の表の空らんをうめなさい。

| | 底面の形 | 面の数 | 辺の数 | 頂点の数 |
|---|---|---|---|---|
| 正五角柱 | | | | |
| 正五角錐 | | | | |

□ 4 右の図は，何という立体の展開図ですか。

□ 5* 4の展開図を組み立てたとき，点Aと重なる点にすべて○をつけなさい。

□ 6* 次の表の空らんをうめなさい。

| | 面の形 | 面の数 | 辺の数 | 頂点の数 |
|---|---|---|---|---|
| 正四面体 | | | | |
| 正六面体 | | | | |
| 正八面体 | | | | |

**解答**

1 ア…三角錐
　イ…四角錐
　ウ…円錐

2 ウ
解説 平面だけで囲まれた立体が多面体である。

3
| 正五角柱 | 7 | 15 | 10 |
|---|---|---|---|
| 正五角錐 | 6 | 10 | 6 |

4 三角錐

5

解説

6
| 正三角形 | 4 | 6 | 4 |
|---|---|---|---|
| 正方形 | 6 | 12 | 8 |
| 正三角形 | 8 | 12 | 6 |

解説 （面の数）－（辺の数）＋（頂点の数）＝2 の関係がある。

# 18 直線や平面の位置関係

重要度
☆☆☆

問題 次の各問いに答えなさい。

解答

### 得点 アップ UP　直線や平面の位置関係

① 2直線の位置関係 ➡ ㋐交わる　㋑平行　㋒ねじれの位置にある
② 直線と平面の位置関係 ➡ ㋐直線が平面上にある　㋑交わる　㋒平行
③ 2平面の位置関係 ➡ ㋐交わる　㋑平行

右の三角柱について，答えなさい。

□ 1* 辺 AB と平行な辺

□ 2* 辺 AB と垂直な辺

□ 3* 辺 AB とねじれの位置に
ある辺

□ 4 平面 BEFC 上にある直線

□ 5* 平面 BEFC と平行な直線

□ 6* 平面 BEFC と垂直に交わる直線

□ 7* 平面 DEF と平行な平面

□ 8* 平面 DEF と垂直な平面

□ 9 面 DEF を底面としたときの高さは，次のア～
ウのどの長さになりますか。

ア　AB　　イ　AD　　ウ　AC

次のことがらがいつもいえるものには○を，そうでな
いものには×をつけなさい。

□ 10* 1つの直線上にない3点を通る平面は，ただ1
つしかない。

□ 11* 交わらない2直線は，平行である。

□ 12* 1つの直線に平行な2つの直線は平行である。

□ 13* 1つの直線に垂直な2つの平面は垂直である。

□ 14* 1つの平面に垂直な2つの平面は平行である。

| 1 | 辺 DE |
| 2 | 辺 AD，BE |
| 3 | 辺 CF，DF，EF |
| 4 | 直線 BC，BE，CF，EF |
| 5 | 直線 AD |
| 6 | 直線 AC，DF |
| 7 | 平面 ABC |
| 8 | 平面 ACFD，BEFC，ABED |
| 9 | イ |
| 10 | ○ |

11　×
解説 ねじれの位置にある
場合もある。

12　○

13　×
解説 1つの直線に垂直な
2つの平面は平行である。

14　×
解説 交わる場合もある。

117

# 19 立体のいろいろな見方

重要度
☆ ☆ ☆

**問題** 次の各問いに答えなさい。

解答

**得点 アップ げP** **回転体**

回転体を回転の軸をふくむ平面で切ると，切り口は回転の軸について線対称な図形になる。

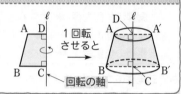

1回転させると

回転の軸

□ 1　三角形をその面に垂直な方向に一定の距離だけ平行に動かしてできる立体を何といいますか。

**1　三角柱**
解説

□ 2*　次の図形を，直線 $\ell$ を軸として1回転させてできる立体を何といいますか。

A　長方形　　B　直角三角形　　C　半円

**2　A…円柱**
　　**B…円錐**
　　**C…球**

□ 3*　円錐を，回転の軸をふくむ平面で切ったときの切り口は，どんな図形ですか。

**3　二等辺三角形**
解説

□ 4*　円錐を，回転の軸に垂直な平面で切ったときの切り口は，どんな図形ですか。

**4　円**
解説

□ 5　次の投影図が表す立体を，何といいますか。

A　　　B　　　C　

**5　A…三角柱**
　　**B…四角錐**
　　**C…円柱**

# 20 立体の表面積と体積

重要度
☆ ☆ ☆

問題 次の各問いに答えなさい。

解答

社会　理科　数学　英語　国語

## 得点 アップ UP　立体の表面積・体積

①角柱・円柱の表面積 ➡ (底面積)×2+(側面積)
　角錐・円錐の表面積 ➡ (底面積)+(側面積)
　半径 $r$ の球の表面積 ➡ $4\pi r^2$

②角柱・円柱の体積 ➡ (底面積)×(高さ)

　角錐・円錐の体積 ➡ $\dfrac{1}{3}$×(底面積)×(高さ)

　半径 $r$ の球の体積 ➡ $\dfrac{4}{3}\pi r^3$

### 次の立体の表面積を求めなさい。

□ 1* 底面の半径が 3 cm，高さが 10 cm の円柱

□ 2* 右の正四角錐

□ 3* 底面の半径が 5 cm，母線
　　の長さが 12 cm の円錐

□ 4* 半径 10 cm の球

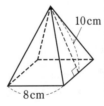

### 次の立体の体積を求めなさい。

□ 5* 右の三角柱

□ 6* 底面が 1 辺 10 cm の
　　正方形で，高さが
　　15 cm の正四角錐

□ 7* 底面の直径が 10 cm，高さが 6 cm の円柱

□ 8* 底面の半径が 4 cm，高さが 9 cm の円錐

□ 9* 半径 3 cm の球

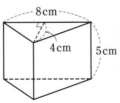

---

1　$78\pi$ cm²
解説 底面積…$\pi\times3^2$
側面積…$10\times\underline{2\pi\times3}$
　　　　　↑
　　　　底面の円周の長さ

2　224 cm²
解説 底面積…$8^2$
側面積…$\left(\dfrac{1}{2}\times8\times10\right)\times4$

3　$85\pi$ cm²
解説 底面積…$\pi\times5^2$
側面の展開図のおうぎ形の
中心角は 150°
側面積…$\pi\times12^2\times\dfrac{150}{360}$

4　$400\pi$ cm²

5　80 cm³

6　500 cm³

7　$150\pi$ cm³
解説 底面の半径は 5 cm

8　$48\pi$ cm³

9　$36\pi$ cm³

# 21 データの活用 ①

重要度
☆☆☆

**問題** 次の各問いに答えなさい。

解答

**得点 アップ UP　累積度数・累積相対度数**

①累積度数…「ある階級」までにある度数の合計。

②累積相対度数…「ある階級」までにある相対度数の合計。

$$(累積相対度数) = \frac{(その階級までの累積度数)}{(度数の合計)}$$　でも求められる。

次のデータは，あるグループの 10 点満点の小テストの結果です。

| 点数(点) | 度数(人) | 相対度数 | 累積度数(人) | 累積相対度数 |
|---|---|---|---|---|
| 以上　未満 | | | | |
| 0 ～ 2 | 3 | 0.075 | 3 | 0.075 |
| 2 ～ 4 | 6 | **A** | 9 | **C** |
| 4 ～ 6 | 14 | 0.350 | **B** | 0.575 |
| 6 ～ 8 | 10 | 0.250 | 33 | **D** |
| 8 ～ 10 | 7 | 0.175 | 40 | 1.000 |
| 計 | 40 | 1.000 | | |

□ 1 上の表の A～D にあてはまる数を求めなさい。

□ 2 小テストの点数が 4 点未満の人数は何人ですか。

□ 3 小テストの点数が 6 点未満の人数は全体の何 % ですか。

□ 4 点数が低い方から数えて 32 番目の人はどの階級に入っていますか。

□ 5 上の表の度数を，右のようなグラフに表した。このようなグラフを何といいますか。

□ 6 右のグラフに度数折れ線（度数分布多角形）をかき入れなさい。

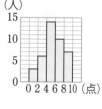

**1**　A…0.150

　　B…23

　　C…0.225

　　D…0.825

**解説** A…6÷40

B…3+6+14

C…9÷40

D…33÷40

**2**　9人

**解説** 2点以上4点未満の累積度数。

**3**　57.5 %

**解説**（4点以上6点未満の累積相対度数）×100

**4**　6点以上8点未満の階級

**解説** 累積度数が33人の階級に入っている。

**5**　ヒストグラム（柱状グラフ）

**6**　(人)

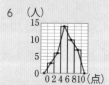

# 22 データの活用 ②

重要度
☆ ☆ ☆

問題 次の各問いに答えなさい。

解答

### 得点 アップ UP　代表値・範囲

①代表値 ➡ 平均値，中央値(メジアン)，最頻値(モード)がある。
②(範囲)＝(最大値)－(最小値)

次のデータは，生徒 14 人の通学時間を調べたものです。

| 15, 7, 26, 5, 30, 21, 15,
36, 17, 5, 25, 12, 15, 23　(分) |

□ 1 平均値を求めなさい。

□ 2 中央値を求めなさい。

□ 3 最頻値を求めなさい。

□ 4 範囲を求めなさい。

1　18 分
解説 14 人の合計は 252
分。252÷14

2　16 分
解説 7 番目と 8 番目の平
均の値。

3　15 分

4　31 分
解説 36－5

### 得点 アップ UP　ことがらの起こりやすさ

①確率…あることがらの起こりやすさの程度を数値で表したもの。
②同じ実験や観察を多数回くり返すとき，あることがらが起こる相対度数は
ある一定の値にかぎりなく近づいていく。

下の表は，1 つのびんのふたを投げて裏が出た回数を
調べたものです。

| 投げた回数(回) | 100 | 200 | 300 | 500 | 1000 |
|---|---|---|---|---|---|
| 裏が出た回数(回) | 69 | A | 194 | 325 | 650 |
| 裏が出る相対度数 | 0.690 | 0.660 | B | 0.650 | C |

□ 5 表の A ～ C にあてはまる数を求めなさい。B，
C は四捨五入して小数第 3 位まで求めなさい。

□ 6 裏が出る相対度数はどんな値に近づくと考えら
れますか。小数第 3 位まで求めなさい。

□ 7 裏が出る場合とそれ以外になる場合ではどちら
が起こりやすいといえますか。

5　A…132
　　B…0.647
　　C…0.650
解説 A 200×0.660
B 194÷300＝0.6466
C 650÷1000＝0.650

6　0.650

7　裏が出る場合

社会 理科 数学 英語 国語

# 1 be 動詞 ①

重要度
☆☆☆

**問題** 次の各問いに答えなさい。

解答

◉ be 動詞 am, are の使い分け

（　）内から適切な語を選びなさい。

□ 1* I ( am, are ) from Australia.

□ 2* ( You're, You ) are very tall.

1　am

2　You

**解説** I には am, you には are を使う。

◉ be 動詞 am, are の否定文・疑問文・答えの文

指示通りにしなさい。

□ 3* I am twelve years old.（否定文に）

＿＿＿＿ ＿＿＿＿ twelve years old.

□ 4* You are Kenta.（疑問文に）

＿＿＿＿ ＿＿＿＿ Kenta?

対話を完成しなさい。

□ 5* Are you in Osaka now? — Yes, I ＿＿＿＿.

□ 6* Are you Jun? — No, ＿＿＿＿ ＿＿＿＿.

3　I'm not

4　Are you

5　am

6　I'm not

◉ This is ～. の文

指示通りにしなさい。

□ 7* That's my pen.（否定文に）

＿＿＿＿ ＿＿＿＿ my pen.

□ 8* This is a famous picture.（疑問文に）

＿＿＿＿ ＿＿＿＿ a famous picture?

□ 9　8 で作った疑問文に Yes で答えなさい。

Yes, ＿＿＿＿ ＿＿＿＿.

7　That's not

〔That isn't〕

**解説** That's = That is

8　Is this

9　it is

得点
アップ
UP

◎ be 動詞 am, are の否定文・疑問文

▶ 否定文は am, are のあとに not を置く。「～ではありません」の意味。

▶ 疑問文は主語の前に Am, Are を置く。「～ですか」の意味。

# 2 be 動詞 ②

重要度
☆ ☆ ☆

問題 次の各問いに答えなさい。

解答

社会 / 理科 / 数学 / 英語 / 国語

### ◉ be 動詞 is の文

**日本語に合うように空所を補充しなさい。**

□ 1 彼は私の兄です。

＿＿＿＿＿＿ ＿＿＿＿＿＿ my brother.

1　He is

□ 2 彼女は高校生ですか。

＿＿＿＿＿＿ ＿＿＿＿＿＿ a high school student?

2　Is she
解説 「彼は」＝ he
「彼女は」＝ she

**空所に適切な代名詞を入れなさい。**

□ 3 This is Ms. Ito. ＿＿＿＿＿＿ is my friend.

3　She

□ 4 That's an elephant. ＿＿＿＿＿＿ is big.

4　It

### ◉複数を表す代名詞

**下線部を1語で表しなさい。**

□ 5 <u>Masato and Kana</u> are good friends.

5　They

□ 6 <u>Koji and I</u> are busy today.

6　We

**（　）内から適切な語を選びなさい。**

□ 7 We ( is, am, are ) baseball players.

7　are

□ 8 They ( is, am, are ) Japanese.

8　are
解説 複数の主語に使う
be 動詞は are。

### ◉否定文・疑問文・答えの文

**日本語に合うように空所を補充しなさい。**

□ 9 彼らは大阪出身ですか。

＿＿＿＿＿＿ ＿＿＿＿＿＿ from Osaka?

9　Are they

□ 10 私たちは今，公園にいません。

＿＿＿＿＿＿ ＿＿＿＿＿＿ in the park now.

10　We aren't
〔We're not〕
解説 be 動詞には「〜に
いる」「〜にある」の意味
もある。

---

得点
アップ
UP

◎代名詞 he，she，it の使い方
▶ he は1人の男性，she は1人の女性，it は1つのものに使う。
　動物は基本的に it を使う。

# 3 一般動詞 ①

重要度
☆☆☆

**問題** 次の各問いに答えなさい。

解答

◉いろいろな一般動詞

日本語に合うように空所を補充しなさい。

□ 1* 私はこの映画が好きです。

　　 I ＿＿＿＿ this movie.

□ 2* 私たちは毎日サッカーをします。

　　 We ＿＿＿＿ soccer every day.

□ 3* あなたはえんぴつを1本持っています。

　　 You ＿＿＿＿ a pencil.

□ 4* 私は私の部屋で本を読みます。

　　 I ＿＿＿＿ a book in my room.

□ 5* 私は新しいかばんがほしいです。

　　 I ＿＿＿＿ a new bag.

◉一般動詞の文の語順

意味の通る文になるように並べかえなさい。

□ 6* ( eat, I, *sushi* ).

□ 7* ( speak, English, you ) well.

□ 8* ( Yuka, know, I ) very well.

日本語にしなさい。

□ 9* I watch TV after dinner.

□ 10 They practice *judo*.

英語にしなさい。

□ 11* 私は英語を勉強します。

1　like

2　play

3　have

4　read

5　want

**解説** be動詞はis, am, areのいずれも「～だ」「～にある」の意味だが, 一般動詞は1つ1つ意味がちがう。

6　I eat *sushi*.

7　You speak English

8　I know Yuka

9　私は夕食後にテレビを見ます。

10　彼ら〔彼女ら〕は柔道を練習します。

11　I study English.

得点
アップ
UP

◉一般動詞の文の語順
▶肯定文では, 主語のあとに一般動詞を置き, そのあとに目的語などを続ける。

# 4 一般動詞②

重要度
☆☆☆

問題 次の各問いに答えなさい。

解答

◉一般動詞の否定文・疑問文・答えの文

日本語に合うように空所を補充しなさい。

□ 1* あなたは牛乳が好きですか。

_____ _____ _____ milk?

1　Do you like

□ 2* 私はギターをひきません。

I _____ _____ the guitar.

2　don't play
解説 do not = don't

□ 3* 彼らはスペイン語を勉強しますか。

_____ _____ _____ Spanish?

3　Do they study

□ 4* 両親は英語を話しません。

My parents _____ _____ _____ English.

4　do not speak

意味の通る文になるように並べかえなさい。

□ 5* ( you, know, do ) my name, Tom?

5　Do you know

□ 6* ( don't, run, we ) in the park.

6　We don't run

指示通りに答えなさい。

□ 7* Do you eat *sushi*? ( No )

7　No, I〔we〕don't.
〔do not〕

□ 8* Do Yumi and Ken read newspapers? ( Yes )

8　Yes, they do.

指示通りにしなさい。

□ 9* They study science on Tuesday. （疑問文に）

_____ _____ _____ science on Tuesday?

9　Do they study

□ 10 9 で作った疑問文に Yes で答えなさい。

10　Yes, they do.

□ 11 I clean my room. （否定文に）

_____ _____ _____ my room.don't

11　I don't clean

社会
理科
数学
英語
国語

◉一般動詞の否定文・疑問文と答え方

得点
アップ
UP

▶否定文は，一般動詞の前に do not〔don't〕を置く。

▶疑問文は，主語の前に Do を置く。

▶答えるときは，Yes / No のあとに＜主語＋ do〔don't〕＞を続ける。

# 5 一般動詞 ③

重要度
☆☆☆

問題 次の各問いに答えなさい。

解答

◉三人称・単数

次のうち，三人称・単数のものをすべて選びなさい。

□ 1* ア this boy　　イ Yumi　　ウ they
　　　エ your mother　オ he　　　カ my dog
　　　キ the students　ク she　　　ケ you
　　　コ Koji and Hiro　サ it　　　シ I

1　ア，イ，エ，オ，カ，ク，サ
解説 三人称は，I と you 以外の人やもの。

◉主語が三人称・単数の一般動詞の文

動詞を適する形にかえなさい。

□ 2* ジムはヒロといっしょに学校に行きます。
　　　Jim _____ to school with Hiro. ( go )

2　goes

□ 3* 彼女は日本語を上手に話します。
　　　She _____ Japanese well. ( speak )

3　speaks

□ 4* 私の父はすてきな車を持っています。
　　　My father _____ a nice car. ( have )

4　has
解説 have は has と特別な変化をする。

□ 5* ユカリは毎日数学を勉強します。
　　　Yukari _____ math every day. ( study )

5　studies
解説 〈子音字＋ y〉で終わる動詞は y を i にかえて es をつける。

◉否定文・疑問文・答えの文

意味の通る文になるように並べかえなさい。

□ 6* ( not, she, teach, does ) math to us.

6　She does not teach

□ 7* ( Koji, come, does ) to school at eight?

7　Does Koji come

得点アップUP

◉主語が三人称・単数の一般動詞の否定文・疑問文と答え方

▶否定文は，一般動詞の前に does not[doesn't] を置き，動詞は原形。

▶疑問文は，主語の前に Does を置き，動詞は原形。

▶答えるときは，Yes / No のあとに＜主語＋does[doesn't]＞を続ける。

# 6 代名詞

重要度
☆☆☆

**問題** 次の各問いに答えなさい。

解答

◉ 代名詞の種類

空所にあてはまる日本語を答えなさい。

□ 1 代名詞には，主語になる形＝ [　①　] 格，
「〜の」の意味で名詞の前に置かれる形＝
[　②　] 格，目的語になる形＝ [　③　] 格と，
「[　④　]」という意味の所有代名詞がある。

1　①主格
　②所有
　③目的
　④〜のもの

◉ 代名詞の形

日本語に合うように空所を補充しなさい。

□ 2 テッドは彼女の弟です。
　　Ted is ＿＿＿＿ brother.

2　her

□ 3 あの男の人は彼らの先生です。
　　That man is ＿＿＿＿ teacher.

3　their

□ 4 あのカメラは彼のものです。
　　That camera is ＿＿＿＿.

4　his

◉ 代名詞の使い方

（　）内の語を必要に応じて適切な形にしなさい。

□ 5 This is my pen. That's ( I ), too.

5　mine

□ 6* Does Ken know ( you )?

6　you

□ 7* ( I ) dog is very big.

7　My

同じ意味の文にしなさい。

□ 8* Is that your bag? ＝ Is that bag ＿＿＿＿?

8　yours

□ 9* Mr. Tanaka teaches English to us.
　　＝ Mr. Tanaka is ＿＿＿＿ English teacher.

9　our

---

得点
アップ
UP

◎「彼の」と「彼のもの」は同じ形

▶ あとに名詞があれば「彼の」，名詞がなければ「彼のもの」の意味。

▶「彼の」This is his pen. ／「彼のもの」This pen is his.

# 7 複 数 形

重要度
☆☆☆

**問題** 次の各問いに答えなさい。

解答

◉名詞の複数形

次の語の複数形を選びなさい。

☐ 1　box　　　　（ boxs, boxes ）

☐ 2　orange　　（ oranges, orangees ）

☐ 3　knife　　　（ knifes, knives, knifs ）

☐ 4* city　　　（ citys, cityis, cities ）

☐ 5* child　　　（ childs, childes, children ）

◉複数形を使った文

日本語に合うように空所を補充しなさい。

☐ 6　私は毎週，2 冊の本を読みます。

　　I read two ＿＿＿＿ every week.

☐ 7　アヤはたくさんの写真を撮ります。

　　Aya takes many ＿＿＿＿.

☐ 8　私の父はたくさんの国のことを知っています。

　　My father knows about many ＿＿＿＿.

下線部の語を複数形にしなさい。

☐ 9* This is my ball.

　　＿＿＿＿ ＿＿＿＿ my ＿＿＿＿.

☐ 10* He is a baseball player.

　　＿＿＿＿ ＿＿＿＿ baseball ＿＿＿＿.

☐ 11　That fish isn't big.

　　＿＿＿＿ ＿＿＿＿ ＿＿＿＿ big.

1　boxes

2　oranges

3　knives

4　cities

5　children
**解説** 不規則変化
child － children
woman － women
man － men

6　books

7　pictures

8　countries
**解説** 〈子音字＋ y〉で終わる名詞は y を i にかえて es をつける。

9　These are,
　　balls

10　They are
　　players

11　Those fish aren't
**解説** 代名詞の複数形
this － these
that － those
he, she, it － they

---

得点
アップ
UP

◉数えられない名詞

▶ milk, money, homework など，「1 つ」の基準がはっきりしない名詞は，基本的に複数形にしない。

# 8 疑問詞 ①

重要度
☆☆☆

**問題** 次の各問いに答えなさい。

解答

社会

## ◉疑問詞 who, what

日本語に合うように空所を補充しなさい。

□ 1\* これは何の花ですか。

_____ _____ is this?

□ 2\* だれがあの机を使いますか。

_____ _____ that desk?

下線部をたずねる疑問文にしなさい。

□ 3\* They study science today.

_____ _____ they study today?

□ 4\* That woman is Yui's mother.

_____ _____ that woman?

## ◉疑問詞 when, where

日本語に合うように，（　）内から適切な語を選びなさい。

□ 5 あなたの誕生日はいつですか。

( Where, When, What ) is your birthday?

□ 6 エミはどこに住んでいますか。

( Where, When, Who ) does Emi live?

下線部をたずねる疑問文にしなさい。

□ 7\* Yuji practices soccer on Wednesday.

_____ _____ Yuji _____ soccer?

□ 8\* We listen to music in this room.

_____ _____ you _____ to music?

**1** What flower
**解説** 〈what + 名 詞 〉=「何の〜(名詞)」

**2** Who uses

**3** What do
**解説**「何を勉強しますか」

**4** Who is

**5** When

**6** Where

**7** When does, practice

**8** Where do, listen

理科
数学
英語
国語

得点
アップ
UP

◉「だれが〜」とたずねる文

▶「だれが〜しますか」と主語になる who は，三人称・単数扱いをするので，続く一般動詞には −(e)s をつける。

129

# 9 疑問詞 ②

重要度
☆☆☆

**問題** 次の各問いに答えなさい。

解答

## ◉疑問詞 which, whose, how

空所にあてはまる疑問詞を答えなさい。

□ 1 「どちら」とたずねるには①____，「だれの（もの）」と持ち主をたずねるには②____，「どのように」と方法をたずねるには③____を使う。

1 ①which
②whose
③how

## ◉疑問詞の位置と使い方

日本語に合うように，( )内から適切な語を選びなさい。

□ 2 これはだれのコンピュータですか。
( Which, Whose, How ) computer is this?

2 Whose
**解説** whose は「だれの」「だれのもの」の意味がある。

□ 3 これとあれでは，どちらがあなたの本ですか。
( Which, Whose, How ) is your book, this or that?

3 Which

日本語に合うように空所を補充しなさい。

□ 4* 彼らはどうやってここに来ますか。
_____ do they come here?

4 How

□ 5* あなたはどちらの絵が好きですか。
_____ _____ do you like?

5 Which picture

対話を完成しなさい。

□ 6 _____ bike is this? — It's Asami's.

6 Whose

下線部をたずねる疑問文にしなさい。

□ 7* I go to school by bus.
_____ _____ you _____ to school?

7 How do, go

得点
アップ
UP

◎どちらかをたずねる文

▶「 A と B ではどちらが〜？」は，文末に<, A or B?>をつける。

月 日

# 10 疑問詞 ③

重要度 ☆☆☆

問題 次の各問いに答えなさい。

解答

## ◉ what 〜, how 〜

日本語に合うように空所を補充しなさい。

□ 1 あなたは何時に起きますか。
＿＿＿＿ ＿＿＿＿ do you get up?

1　What time

□ 2 あの少年はどれくらいの背たけですか。
＿＿＿＿ ＿＿＿＿ is that boy?

2　How tall

□ 3 彼は何冊の本を持っていますか。
＿＿＿ ＿＿＿ ＿＿＿ does he have?

3　How many books

## ◉ what 〜, how 〜 の使い方

意味の通る文になるように並べかえなさい。

□ 4 ( about, food, Japanese, how )?

4　How about Japanese food?

□ 5* ( is, much, this cake, how )?

5　How much is this cake?

□ 6 ( how, is, far, it ) from here to the station?

6　How far is it

対話を完成しなさい。

□ 7* ＿＿＿＿ ＿＿＿＿ is Mr. Oka? — Forty.

7　How old

□ 8* ＿＿＿＿ ＿＿＿＿ people do you see?
— I see about twenty people.

8　How many

下線部をたずねる疑問文にしなさい。

□ 9* I have <u>fifty</u> CDs.
＿＿＿ ＿＿＿ ＿＿＿ do you have?

9　How many CDs

□ 10* The train leaves <u>at three</u>.
＿＿＿ ＿＿＿ does the train leave?

10　What time

---

得点
アップ
UP

◎How many のあとの名詞は複数形。

▶「いくつの〜」と数をたずねるとき、How many のあとの名詞は複数形。

▶ many のあとには数えられる名詞のみが続く。

131

# 11 命令文

重要度
☆☆☆

**問題** 次の各問いに答えなさい。

解答

## ◎いろいろな命令文

日本語に合うように空所を補充しなさい。

□ 1* このコンピュータを使いなさい。

_____ this computer.

1　Use

□ 2* 放課後，野球をしましょう。

_____ play baseball after school.

2　Let's

□ 3* 窓を開けてはいけません。

_____ _____ the window.

3　Don't open

意味の通る文になるように並べかえなさい。

□ 4 ( go, to, let's ) the park.

4　Let's go to

□ 5* ( kind, to, be ) old people.

5　Be kind to

□ 6 ( the party, to, come ), please.

6　Come to the party

## ◎命令文の形

指示通りにしなさい。

□ 7 You don't speak Japanese. (禁止する文に)

_____ _____ Japanese.

7　Don't speak

□ 8 You are quiet in this room. (命令文に)

_____ _____ in this room.

8　Be quiet

□ 9 We go shopping. (「～しましょう」とさそう文に)

_____ _____ shopping.

9　Let's go

英語にしなさい。

□ 10 テレビを見てはいけません。

10　Don't watch TV.

得点
アップ
UP

◎ていねいな命令文

▶ please を使うと「～してください」という，ていねいな命令文になる。

▶ please は文頭または文末に置く。文末に置くときは〈, 〉で区切る。

# 12 助動詞 can ①

重要度
☆☆☆

**問題** 次の各問いに答えなさい。

解答

◉助動詞 can の使い方

空所にあてはまる単語や日本語を答えなさい。

□ 1 「〜できる」は助動詞①＿＿＿を動詞の前に
　　　置く。助動詞は主語が何であっても形は同じで，
　　　あとの動詞は必ず[　②　]にする。

1　①can
　　②原形

（　）内から適切な語を選びなさい。

□ 2★ 彼<sup>かれ</sup>はギターをひくことができます。
　　　He can ( play, plays ) the guitar.

2　play

□ 3★ クミは上手に料理することができます。
　　　Kumi ( cans, can ) cook well.

3　can

**解説** 主語が何であっても
can 自体の形がかわること
はない。

日本語に合うように空所を補充<sup>ほじゅう</sup>しなさい。

□ 4 あなたは中国語を読むことができますか。
　　　＿＿＿＿ ＿＿＿＿ ＿＿＿＿ Chinese?

4　Can you read

□ 5 マイクは泳げません。
　　　Mike ＿＿＿＿ ＿＿＿＿.

5　can't〔cannot〕
　　swim

**解説** cannot＝can't

□ 6 彼らは速く走ることができます。
　　　They ＿＿＿＿ ＿＿＿＿ fast.

6　can run

対話を完成しなさい。

□ 7★ Can Amy sing Japanese songs?
　　　— No, she ＿＿＿＿.

7　can't〔cannot〕

□ 8★ Can you walk to school? — Yes, I ＿＿＿＿.

8　can

意味の通る文になるように並べかえなさい。

□ 9★ ( I, TV, can, watch ) now?

9　Can I watch TV

得点
アップ
UP

◎許可を求める can

▶ Can I 〜 ? は「〜してもいいですか。」と許可を求める表現。

133

社会
理科
数学
英語
国語

**助動詞 can ②**　重要度 ☆☆☆

問題 次の各問いに答えなさい。

解答

◉依頼の表現

空所にあてはまる単語を答えなさい。

□ 1 Can ＿＿＿ ～ ? の形で「～してくれません
か。」という依頼の意味を表すことができる。

1 you

◉依頼の表現の使い方

（ ）内から適切な語句を選びなさい。

□ 2 ドアを閉めてもいいですか。

（ Can I, Can you ）close the door?

□ 3 手伝ってくれませんか。

（ Can I, Can you ）help me?

2 Can I
解説 Can I ～ ?＝「～し
てもいいですか。」

3 Can you

◉応答文

答えとしてふさわしくないものを 1 つ選びなさい。

□ 4 Can you make lunch for me?

ア Sure.　　イ All right.

ウ No, you can't.

□ 5 Can you speak French?

ア No, I can't.　　イ No, thank you.

ウ Yes, I'm from France.

4 ウ
解説 「いいえ，（あなた
は）できません。」は不適切。

5 イ

◉ていねいな依頼の表現

日本語にしなさい。

□ 6 Can I speak to Maki?

□ 7 Could you come with me?

6 マキと話せます
か。
解説 電話での表現。

7 私と来てくださ
いませんか。

 得点アップUP

◉ていねいな依頼の表現

▶ Could you ～ ? ＝「～してくださいませんか。」は，Can you ～ ?
よりもていねいな表現。

# 14 現在進行形

重要度
☆ ☆ ☆

**問題** 次の各問いに答えなさい。

解答

社会 / 理科 / 数学 / 英語 / 国語

### ◉現在進行形の形

**（　）内から適切な語を選びなさい。**

□ 1 彼は今，テレビを見ているところです。

He is ( watch, watches, watching ) TV now.

□ 2 ユカは写真を撮っているところです。

Yuka is ( takes, taking, take ) pictures.

1　watching

2　taking

### ◉現在進行形の肯定文・否定文・疑問文

**日本語に合うように空所を補充しなさい。**

□ 3 私は今，本を読んでいません。

I'm ＿＿＿＿ ＿＿＿＿ a book now.

□ 4* 彼らは今，何をしていますか。―走っています。

What ＿＿＿＿ they ＿＿＿＿ now?

— They're ＿＿＿＿ .

□ 5 ナオキは今，英語を勉強しているところです。

Naoki ＿＿＿＿ ＿＿＿＿ English now.

**（　）内の語を使って答えなさい。**

□ 6 Are you cleaning your room now? ( Yes )

□ 7 Is your father washing his car now? ( No )

3　not reading

4　are, doing,
　running

**解説** 〈短母音＋子音字〉で
終わる動詞は子音字を重ね
て ing をつける。

5　is studying

6　Yes, I am〔we
are〕.

7　No, he isn't〔is
not〕.

### ◉進行形にしない動詞

**英語にしなさい。**

□ 8* 私はケンを知っています。

□ 9* 私は東京に住んでいます。

8　I know Ken.

9　I live in Tokyo.

得点
アップ
UP

◉進行形にしない動詞

▶ know ＝「知っている」，like ＝「～が好きだ」，live ＝「住んでいる」
のように，継続的な状態を表す動詞はふつう，進行形にしない。

# 15 過去形 ①

重要度
☆☆☆

**問題** 次の各問いに答えなさい。

◉一般動詞の過去形（規則動詞）

過去形にしなさい。

☐ 1　ask

☐ 2* stop

☐ 3　wash

☐ 4　close

☐ 5　talk

☐ 6* cry

日本語に合うように空所を補充しなさい。

☐ 7* 私たちはきのう，サッカーをしました。

　　 We ＿＿＿＿ soccer yesterday.

☐ 8* トムは先週，京都を訪れました。

　　 Tom ＿＿＿＿ Kyoto last week.

☐ 9* 私はこの自転車を使いました。

　　 I ＿＿＿＿ this bike.

☐ 10* 弟がこの箱を運んでくれました。

　　 My brother ＿＿＿＿ this box.

（　）内の語を適切な形にしなさい。

☐ 11* Meg（ study ）math last Friday.

☐ 12 My grandmother（ like ）cats ten years ago.

☐ 13 The game（ start ）two hours ago.

日本語に合うように並べかえなさい。

☐ 14 私は昨夜，音楽を聞きました。

　　（ listened, last, I, music, to ）night.

☐ 15 私たちは去年，東京に住んでいました。

　　（ Tokyo, lived, last, we, in ）year.

解答

| 1 | asked |
| 2 | stopped |
| 3 | washed |
| 4 | closed |
| 5 | talked |
| 6 | cried |
| 7 | played |
| 8 | visited |
| 9 | used |
| 10 | carried |
| 11 | studied |
| 12 | liked |
| 13 | started |

**解説** last ～, ～ ago は過去を表す表現。

| 14 | I listened to music last |
| 15 | We lived in Tokyo last |

得点
アップ
UP

◉注意すべき一般動詞の過去形の作り方

▶＜子音字＋y＞で終わる語は，y を i にかえて ed をつける。

▶＜短母音＋子音字＞で終わる語は，子音字を重ねて ed をつける。

# 16 過去形 ②

重要度
☆ ☆ ☆

**問題** 次の各問いに答えなさい。

解答

◎一般動詞の過去形(不規則動詞)

過去形にしなさい。

□ 1* speak
□ 2* get
□ 3* run
□ 4* teach
□ 5* say
□ 6* take

（　）内から適切な語を選びなさい。

□ 7* 私は先週，大阪に行きました。

I ( go, goes, went ) to Osaka last week.

□ 8* 私がこの手紙を書きました。

I ( write, wrote, writing ) this letter.

□ 9* サムはパーティーに来ました。

Sam ( come, comes, came ) to the party.

（　）内の語を過去形にしなさい。

□ 10* Akira ( make ) breakfast last Sunday.
□ 11* They ( have ) a lot of CDs then.
□ 12* We ( see ) the dog two hours ago.

日本語に合うように空所を補充しなさい。

□ 13* 父は先月，新しい車を買いました。

My father _____ a new car last month.

□ 14* 私はここに自分のノートを置きました。

I _____ my notebook here.

□ 15* 彼女はきのう，この本を読みました。

She _____ this book yesterday.

| | |
|---|---|
| 1 | spoke |
| 2 | got |
| 3 | ran |
| 4 | taught |
| 5 | said |
| 6 | took |
| 7 | went |
| 8 | wrote |
| 9 | came |
| 10 | made |
| 11 | had |
| 12 | saw |
| 13 | bought |
| 14 | put |
| 15 | read |

社会／理科／数学／英語／国語

得点
アップ
UP

◎原形とつづりが同じ過去形

▶ read, put, cut などは原形と過去形が同じつづり。

▶ read の過去形は [red] という発音になる。

137

# 17 過去形 ③

重要度
☆☆☆

問題 次の各問いに答えなさい。

解答

◉一般動詞の過去形の否定文・疑問文

( )内から適切な語を選びなさい。

☐ 1 あなたは今日6時に起きましたか。

( Do, Does, Did ) you get up at six today?

1　Did

☐ 2 私は東京に住んでいませんでした。

I ( did, do, was ) not live in Tokyo.

2　did

☐ 3 ユキは部屋を掃除しましたか。

( Was, Did, Does ) Yuki clean her room?

3　Did

解説 規則動詞・不規則動詞の過去形の疑問文・否定文の作り方は同じ。

日本語に合うように空所を補充しなさい。

☐ 4 私はきのう，理科を勉強しませんでした。

I ＿＿＿＿ ＿＿＿＿ science yesterday.

4　didn't study

解説 did not = didn't

☐ 5 彼は先月，奈良を訪れましたか。

＿＿＿＿ he ＿＿＿＿ Nara last month?

5　Did, visit

対話を完成しなさい。

☐ 6 ＿＿＿＿ you watch TV last night?

— Yes, I ＿＿＿＿.

6　Did, did

☐ 7* What ＿＿＿＿ you eat yesterday morning?

— I ＿＿＿＿ some hamburgers.

7　did, ate

☐ 8* We played baseball yesterday. （否定文に）

We ＿＿＿＿ ＿＿＿＿ play baseball yesterday.

8　did not

☐ 9* Kumi spoke to him in English. （疑問文に）

＿＿＿＿ Kumi ＿＿＿＿ to him in English?

9　Did, speak

得点
アップ
UP

◉一般動詞の過去の否定文・疑問文と答え方

▶否定文は，一般動詞の前に did not [didn't] を置き，動詞は原形。

▶疑問文は，主語の前に Did を置き，動詞は原形。

▶答えるときは，Yes / No のあとに＜主語＋did [didn't]＞を続ける。

# 18 過去形 ④

重要度
★★★

**問題** 次の各問いに答えなさい。

解答

◉ be 動詞の過去形

（　）内から適切な語を選びなさい。

□ 1* 私は今朝，ひまでした。

I ( am, was, were ) free this morning.

1　was

□ 2* あなたはきのう，とても忙しかった。

You ( are, was, were ) very busy yesterday.

2　were

◉ be 動詞の過去形の肯定文・否定文・疑問文

日本語に合うように空所を補充しなさい。

□ 3 3日前は晴れでしたか。

＿＿＿＿ ＿＿＿＿ sunny three days ago?

3　Was it
**解説** 天候について言うときの主語は it。

□ 4 あなたはきのう，どこにいましたか。

Where ＿＿＿＿ ＿＿＿＿ yesterday?

4　were you

◉ 過去進行形

指示通りにしなさい。

□ 5* Ted played soccer yesterday.（過去進行形に）

Ted ＿＿＿＿ ＿＿＿＿ soccer then.

5　was playing

□ 6* They ran in the park last week.（過去進行形に）

They ＿＿＿＿ ＿＿＿＿ in the park at that time.

6　were running

□ 7 5 で作った文を否定文にしなさい。

Ted ＿＿＿＿ ＿＿＿＿ soccer then.

7　wasn't playing

□ 8 6 で作った文を疑問文にしなさい。

＿＿＿＿ they ＿＿＿＿ in the park at that time?

8　Were, running
**解説** 過去進行形は〈was / were ＋ 〜ing〉で表す。

得点
アップ
UP

◎ be 動詞の過去形は was と were の 2 つだけ

▶ am と is の過去形は was，are の過去形は were。

# 19 形容詞・副詞

重要度
☆☆☆

**問題** 次の各問いに答えなさい。

◎いろいろな形容詞・副詞

日本語にしなさい。

☐ 1 hot　☐ 2 bad　☐ 3 large　☐ 4 late

日本語に合うように空所を補充しなさい。

☐ 5 私の兄は背が高いです。

My brother is ＿＿＿＿.

☐ 6 これはとても有名な絵です。

This is ＿＿＿＿ very ＿＿＿＿ picture.

☐ 7 彼は速く走ることができます。

He can run ＿＿＿＿.

☐ 8 その女の子はとてもゆっくり話します。

The girl speaks very ＿＿＿＿.

☐ 9 これは古いうで時計です。

This is ＿＿＿＿ ＿＿＿＿ watch.

日本語に合うように並べかえなさい。

☐ 10 私の母は早く起きます。

( up, gets, early, my mother ).

☐ 11 私には1人も兄弟がいません。

( brothers, I, have, don't, any ).

☐ 12 あなたはいつも忙しいです。

( busy, are, always, you ).

☐ 13 ジムと私はときどきテニスをします。

Jim ( and, I, play, sometimes ) tennis.

## 解答

1 暑い〔熱い〕

2 悪い

3 大きい〔広い〕

4 遅い〔遅れた〕

5 tall

6 a, famous

7 fast

8 slowly

9 an old
**解説** a や an などの冠詞は形容詞の前に置く。

10 My mother gets up early.

11 I don't have any brothers.
**解説** not ～ any＝「ひとつも～ない」

12 You are always busy.

13 and I sometimes play

**得点アップ**
◎頻度を表す副詞の位置
▶ always, sometimes などの頻度を表す副詞はふつう，be 動詞があればそのすぐあと，一般動詞があればそのすぐ前に置く。

# 20 前置詞

重要度
☆☆☆

問題 次の各問いに答えなさい。

解答

◉いろいろな前置詞

（ ）内から適切な語を選びなさい。

□ 1<sup>★</sup> 8月に祭りがあります。

We have a festival ( on, at, in ) August.

1　in

□ 2<sup>★</sup> 春には花を見ることができます。

We can see flowers ( in, at, from ) spring.

2　in
解説 〈in＋月・年・季節〉

□ 3<sup>★</sup> 私のかばんはテーブルの上にあります。

My bag is ( on, in, over ) the table.

3　on

□ 4<sup>★</sup> 壁にかかっている地図が見えますか。

Can you see the map ( on, at, in ) the wall?

4　on

日本語に合うように空所を補充しなさい。

□ 5　7時に公園の近くで会いましょう。

Let's meet _____ the park _____ seven.

5　near, at
解説 〈at＋時刻〉

□ 6　私は月曜日に公園に行きます。

I go _____ the park _____ Monday.

6　to, on
解説 〈on＋曜日・日付〉

□ 7　私は午前中に本を読みます。

I read books _____ the morning.

7　in
解説 in the morning＝「午前中に」,
in the afternoon＝「午後に」

◉前置詞を使った熟語

日本語に合うように並べかえなさい。

□ 8<sup>★</sup> 私は音楽に興味があります。

I ( in, am, interested ) music.

8　am interested in

□ 9<sup>★</sup> 私は駅の前でケンを見ました。

I saw Ken ( front, in, of ) the station.

9　in front of

得点
アップ
UP

◉ on は「接触」
▶前置詞 on は「何かに接触している状態」を表すので，必ずしも「〜の上に」ではなく，壁や天井などにくっついているときにも使う。

# 21 接続詞

重要度
★★☆

**問題** 次の各問いに答えなさい。

解答

◎いろいろな接続詞

**日本語に合う適切な接続詞を選びなさい。**

□ 1* 私は英語と数学を勉強しました。

I studied English ( and, but, or ) math.

□ 2* 私は忙（いそが）しかったけれど，彼（かれ）を手伝いました。

I was busy, ( and, but, or ) I helped him.

**日本語に合うように空所を補充（ほじゅう）しなさい。**

□ 3 電車かバスを使いなさい。

Take the train ＿＿＿＿ the bus.

□ 4 彼は一生懸命（けんめい）働（はたら）いたので，疲（つか）れています。

He worked hard, ＿＿＿＿ he is tired.

□ 5 紅茶かコーヒーのどちらが好きですか。

Which do you like, tea ＿＿＿＿ coffee?

**（　）内の語のどちらかを使って2文を1文にしなさい。**

□ 6 I like spring.　I like fall, too. ( and, so )

I like spring ＿＿＿＿ fall.

□ 7 Do you eat rice?　Do you eat bread?

Do you eat rice ＿＿＿＿ bread? ( or, so )

□ 8 I was tired.　I went home. ( but, so )

I was tired, ＿＿＿＿ I went home.

**英語にしなさい。**

□ 9 ユカは赤色と黄色と緑色が好きです。

| | |
|---|---|
| 1 | and |
| 2 | but |
| 3 | or |
| 4 | so |
| 5 | or |
| 6 | and |
| 7 | or |
| 8 | so |
| 9 | Yuka likes red, yellow, and green. |

得点
アップ
UP

◎ 3つ以上のものを結びつけるときの and

▶ 3つのものをあげて並列するときは，< A , B , and C >とする。

▶ 4つ以上のときも，いちばん最後のものの前に and をつける。

# 22 発音・アクセント

重要度
☆ ☆ ☆

**問題** 次の各問いに答えなさい。

解答

## ●いろいろな単語の発音

下線部の発音が同じものは〇，異なるものは×で答えなさい。

☐ 1* 〔 s<u>aw</u>, g<u>o</u> 〕　　☐ 2 〔 any<u>o</u>ne, ch<u>a</u>nge 〕

☐ 3 〔 r<u>i</u>ce, l<u>i</u>ke 〕　　☐ 4* 〔 g<u>ui</u>tar, b<u>ui</u>lding 〕

1　×　2　×

3　〇　4　〇

下線部の発音が同じ語を1つ選びなさい。

☐ 5* m<u>o</u>ney

　　ア h<u>o</u>spital　イ sn<u>a</u>ck　　ウ h<u>u</u>ngry

5　ウ

☐ 6* <u>th</u>ink

　　ア <u>th</u>ese　　イ mon<u>th</u>　　ウ wi<u>th</u>

6　イ

下線部の中で発音が他と異なるものを1つ選びなさい。

☐ 7　ア g<u>i</u>ft　　　イ pr<u>e</u>tty　　ウ r<u>ea</u>dy

☐ 8* ア <u>o</u>pen　　イ <u>a</u>lways　ウ A<u>u</u>gust

☐ 9* ア ab<u>ou</u>t　　イ cl<u>ou</u>dy　ウ c<u>ou</u>ntry

☐ 10* ア p<u>ar</u>k　　イ w<u>ar</u>m　　ウ c<u>ar</u>

7　ウ

8　ア

9　ウ

10　イ

## ●いろいろな単語のアクセント

最も強く発音する部分を記号で答えなさい。

☐ 11 his-to-ry
　　ア イ ウ

☐ 12 to-geth-er
　　ア イ ウ

11　ア　12　イ

☐ 13* Jap-a-nese
　　ア イ ウ

☐ 14* fa-vor-ite
　　ア イ ウ

13　ウ　14　ア

☐ 15* In-ter-net
　　ア イ ウ

☐ 16* be-fore
　　ア イ

15　ア　16　イ

得点
アップ
UP

**◎ th の発音は2種類**

▶ th には〔θ〕（ス）と〔ð〕（ズ）の2つの発音がある。

〔θ〕…<u>th</u>ree, ma<u>th</u> など，〔ð〕…<u>th</u>e, o<u>th</u>er など

# 1 漢字の読み ①

重要度
☆☆☆

**問題** 次の太字の漢字の読みをひらがなで書きなさい。

- □ 1 **影響**を受ける。　（えいきょう）
- □ 2 **環境**を守る。　（かんきょう）
- □ 3 **挑戦**に応じる。　（ちょうせん）
- □ 4 仲のよい**夫婦**。　（ふうふ）
- □ 5 **矛盾**した意見。　（むじゅん）
- □ 6 **規則**を守る。　（きそく）
- □ 7 **敬語**を使う。　（けいご）
- □ 8 **鉄柵**を作る。　（てっさく）
- □ 9 楽器の**演奏**。　（えんそう）
- □ 10 **創立**記念日。　（そうりつ）
- □ 11 正しい**姿勢**。　（しせい）
- □ 12 意味を**把握**する。　（はあく）
- □ 13 **樹木**を植える。　（じゅもく）
- □ 14 新聞を**熟読**する。　（じゅくどく）
- □ 15 混雑が**緩和**する。　（かんわ）
- □ 16 予算の**総額**。　（そうがく）
- □ 17 現地の**視察**。　（しさつ）
- □ 18 養分の**吸収**。　（きゅうしゅう）
- □ 19 **絶妙**なバランス。　（ぜつみょう）
- □ 20 **透明**なガラス。　（とうめい）
- □ 21 **丹精**をこめる。　（たんせい）
- □ 22 **三振**を奪う。　（さんしん）

**問題** 次の太字の漢字の読みをひらがなで書きなさい。

- □ 1 星が**輝**く。　（かがや）
- □ 2 ふとんを**畳**む。　（たた）
- □ 3 **梨**を食べる。　（なし）
- □ 4 **激**しい流れ。　（はげ）
- □ 5 **針**に糸を通す。　（はり）
- □ 6 ブレーキを**踏**む。　（ふ）
- □ 7 日が**暮**れる。　（く）
- □ 8 うっかり**忘**れる。　（わす）
- □ 9 家を**訪**ねる。　（たず）
- □ 10 とても**疲**れた。　（つか）
- □ 11 **濃**い牛乳。　（こ）
- □ 12 **厳**しい寒さ。　（きび）
- □ 13 山頂に**至**る。　（いた）
- □ 14 色を**染**める。　（そ）
- □ 15 贈り物が**届**く。　（とど）
- □ 16 **絹**のハンカチ。　（きぬ）
- □ 17 ごみを**捨**てる。　（す）
- □ 18 命令に**従**う。　（したが）
- □ 19 ドアを**閉**じる。　（と）
- □ 20 役職を**務**める。　（つと）
- □ 21 **腰**が痛い。　（こし）
- □ 22 あわが**浮**く。　（う）

得点
アップ
UP

◎特別な読みの漢字

▶田舎（いなか），心地（ここち），老舗（しにせ），五月雨（さみだれ），
海原（うなばら），八百屋（やおや），土産（みやげ），眼鏡（めがね）

# 2 漢字の読み ②

**問題** 次の太字の漢字の読みをひらがなで書きなさい。

□ 1 思わず**苦笑**する。（ くしょう ）
□ 2 **覚悟**を決める。（ かくご ）
□ 3 朝早く**起床**する。（ きしょう ）
□ 4 地図を**拡大**する。（ かくだい ）
□ 5 **能率**のよい方法。（ のうりつ ）
□ 6 原因の**調査**。（ ちょうさ ）
□ 7 **許可**を得る。（ きょか ）
□ 8 予定を**延期**する。（ えんき ）
□ 9 雑誌に**掲載**する。（ けいさい ）
□ 10 **価値**の高い絵。（ かち ）
□ 11 作品の**展示**。（ てんじ ）

□ 12 **誤解**がとける。（ ごかい ）
□ 13 **垂直**な線。（ すいちょく ）
□ 14 **親戚**との会合。（ しんせき ）
□ 15 **担任**の先生。（ たんにん ）
□ 16 本の**著者**。（ ちょしゃ ）
□ 17 自己**紹介**をする。（ しょうかい ）
□ 18 **穀物**を食べる。（ こくもつ ）
□ 19 **気配**を消す。（ けはい ）
□ 20 **簡単**な問題。（ かんたん ）
□ 21 **眼下**の風景。（ がんか ）
□ 22 父が**出勤**する。（ しゅっきん ）

**問題** 次の太字の漢字の読みをひらがなで書きなさい。

□ 1 **恐**ろしい話。（ おそ ）
□ 2 **互**いに話す。（ たが ）
□ 3 野菜が**傷**む。（ いた ）
□ 4 草が**伸**びる。（ の ）
□ 5 くつを**履**く。（ は ）
□ 6 川に**沿**った道。（ そ ）
□ 7 ふとんを**干**す。（ ほ ）
□ 8 過失を**認**める。（ みと ）
□ 9 **幼**い子ども。（ おさな ）
□ 10 伝言を**頼**む。（ たの ）
□ 11 一心に**拝**む。（ おが ）

□ 12 池に氷が**張**る。（ は ）
□ 13 ほころびを**繕**う。（ つくろ ）
□ 14 一列に**並**ぶ。（ なら ）
□ 15 罪を**裁**く。（ さば ）
□ 16 支払いが**済**む。（ す ）
□ 17 ねぎを**刻**む。（ きざ ）
□ 18 バスから**降**りる。（ お ）
□ 19 **机**の上の本。（ つくえ ）
□ 20 卵を**割**る。（ わ ）
□ 21 考えが**異**なる。（ こと ）
□ 22 時計が**欲**しい。（ ほ ）

得点
アップ
UP

◎送りがなが変わると読み方の変わる漢字
▶集（あつ）まる―集（つど）う，優（やさ）しい―優（すぐ）れる，
試（ため）す―試（こころ）みる，汚（きたな）い―汚（よご）す

# 3 熟語の読み方

重要度
☆☆☆

**問題** 次の漢字の読みをひらがなで書き，重箱読みにはア，湯桶読みにはイ，「音＋音」の読みにはウ，「訓＋訓」の読みにはエを書きなさい。

| □ 1 | 番組 | （ ばんぐみ ）（ ア ） | □ 15 | 試合 | （ しあい ）（ ア ） |
|---|---|---|---|---|---|
| □ 2 | 昔話 | （ むかしばなし ）（ エ ） | □ 16 | 味方 | （ みかた ）（ ア ） |
| □ 3 | 見本 | （ みほん ）（ イ ） | □ 17 | 弱気 | （ よわき ）（ イ ） |
| □ 4 | 単純 | （ たんじゅん ）（ ウ ） | □ 18 | 母親 | （ ははおや ）（ エ ） |
| □ 5 | 客間 | （ きゃくま ）（ ア ） | □ 19 | 洗顔 | （ せんがん ）（ ウ ） |
| □ 6 | 坂道 | （ さかみち ）（ エ ） | □ 20 | 雨具 | （ あまぐ ）（ イ ） |
| □ 7 | 管理 | （ かんり ）（ ウ ） | □ 21 | 集合 | （ しゅうごう ）（ ウ ） |
| □ 8 | 軍手 | （ ぐんて ）（ ア ） | □ 22 | 裏庭 | （ うらにわ ）（ エ ） |
| □ 9 | 場所 | （ ばしょ ）（ イ ） | □ 23 | 着席 | （ ちゃくせき ）（ ウ ） |
| □ 10 | 薬指 | （ くすりゆび ）（ エ ） | □ 24 | 残高 | （ ざんだか ）（ ア ） |
| □ 11 | 台所 | （ だいどころ ）（ ア ） | □ 25 | 当時 | （ とうじ ）（ ウ ） |
| □ 12 | 仕事 | （ しごと ）（ ア ） | □ 26 | 合図 | （ あいず ）（ イ ） |
| □ 13 | 丸太 | （ まるた ）（ イ ） | □ 27 | 青空 | （ あおぞら ）（ エ ） |
| □ 14 | 花園 | （ はなぞの ）（ エ ） | □ 28 | 開幕 | （ かいまく ）（ ウ ） |

**問題** 次の熟字訓の読みをひらがなで書きなさい。

| □ 1 | 小豆 | （ あずき ） | □ 7 | 風邪 | （ かぜ ） |
|---|---|---|---|---|---|
| □ 2 | 明日 | （ あす ） | □ 8 | 芝生 | （ しばふ ） |
| □ 3 | 行方 | （ ゆくえ ） | □ 9 | 若人 | （ わこうど ） |
| □ 4 | 意気地 | （ いくじ ） | □ 10 | 果物 | （ くだもの ） |
| □ 5 | 日和 | （ ひより ） | □ 11 | 為替 | （ かわせ ） |
| □ 6 | 雪崩 | （ なだれ ） | □ 12 | 名残 | （ なごり ） |

得点
アップ
UP

◎重箱読みと湯桶読み

▶重箱読み…音読み＋訓読み　例 両目（リョウ：音　め：訓）

▶湯桶読み…訓読み＋音読み　例 荷物（に：訓　モツ：音）

## 4 漢字の書き ①

重要度 ☆☆☆

**問題** 次の太字のかたかなを漢字に直しなさい。

- □ 1 会社に**キンム**する。（ 勤務 ）
- □ 2 **コンザツ**した車内。（ 混雑 ）
- □ 3 計画の**スイシン**。（ 推進 ）
- □ 4 条件の**カイゼン**。（ 改善 ）
- □ 5 **ハイエイ**の選手。（ 背泳 ）
- □ 6 商品の**ハンバイ**。（ 販売 ）
- □ 7 **ヒミツ**がばれる。（ 秘密 ）
- □ 8 **ホウフ**な食材。（ 豊富 ）
- □ 9 **ルス**番をする。（ 留守 ）
- □ 10 **エイキュウ**の時間。（ 永久 ）
- □ 11 **リエキ**がある。（ 利益 ）
- □ 12 誤りを**シテキ**する。（ 指摘 ）
- □ 13 **フキュウ**率が高い。（ 普及 ）
- □ 14 **コウチャ**を飲む。（ 紅茶 ）
- □ 15 **サトウ**と塩。（ 砂糖 ）
- □ 16 腕前を**ハッキ**する。（ 発揮 ）
- □ 17 **ヤチン**を払う。（ 家賃 ）
- □ 18 **ガング**で遊ぶ。（ 玩具 ）
- □ 19 宿題の**ハンイ**。（ 範囲 ）
- □ 20 **ショウコ**をつかむ。（ 証拠 ）
- □ 21 速度の**セイゲン**。（ 制限 ）
- □ 22 社員の**サイヨウ**。（ 採用 ）

**問題** 次の太字のかたかなを漢字に直しなさい。

- □ 1 とても**コマ**る。（ 困 ）
- □ 2 成功を**オサ**める。（ 収 ）
- □ 3 **イキオ**いがつく。（ 勢 ）
- □ 4 教室の**マド**。（ 窓 ）
- □ 5 城を**キズ**く。（ 築 ）
- □ 6 不足を**オギナ**う。（ 補 ）
- □ 7 敵の攻撃を**フセ**ぐ。（ 防 ）
- □ 8 景色を**ナガ**める。（ 眺 ）
- □ 9 植物の**クキ**。（ 茎 ）
- □ 10 地面の**アナ**。（ 穴 ）
- □ 11 花が**サ**く。（ 咲 ）
- □ 12 川の水が**ヘ**る。（ 減 ）
- □ 13 規則を**モウ**ける。（ 設 ）
- □ 14 山の中の**イズミ**。（ 泉 ）
- □ 15 好調を**タモ**つ。（ 保 ）
- □ 16 道に**マヨ**う。（ 迷 ）
- □ 17 語り**ツ**ぐ。（ 継 ）
- □ 18 旗を**カカ**げる。（ 掲 ）
- □ 19 部屋の**カギ**。（ 鍵 ）
- □ 20 川の**ミナモト**。（ 源 ）
- □ 21 波間を**タダヨ**う。（ 漂 ）
- □ 22 手を**アラ**う。（ 洗 ）

得点アップUP ◉形の似ている漢字
▶週—周，率—卒，析—折，径—経，除—徐，荷—何，波—破，張—帳，態—熊，抱—包，供—洪，観—歓—勧

147

# 5 漢字の書き ②

重要度
☆☆☆

**問題** 次の太字のかたかなを漢字に直しなさい。

□ 1 **オウフク**の道のり。（ 往復 ）
□ 2 進化の**カテイ**。（ 過程 ）
□ 3 **トクチョウ**的な目。（ 特徴 ）
□ 4 **キンニク**がつく。（ 筋肉 ）
□ 5 入口周辺の**ケイビ**。（ 警備 ）
□ 6 時間の**タンシュク**。（ 短縮 ）
□ 7 適切な**ショリ**。（ 処理 ）
□ 8 国連への**カメイ**。（ 加盟 ）
□ 9 箱の**スンポウ**。（ 寸法 ）
□ 10 **センモン**学校。（ 専門 ）
□ 11 **ショウドウ**を抑える。（ 衝動 ）

□ 12 **コウフン**を静める。（ 興奮 ）
□ 13 手紙の**ユウソウ**。（ 郵送 ）
□ 14 機械を**ソウサ**する。（ 操作 ）
□ 15 国の**リョウド**。（ 領土 ）
□ 16 資本の**チクセキ**。（ 蓄積 ）
□ 17 大会で**ユウショウ**する。（ 優勝 ）
□ 18 **チュウジツ**な家来。（ 忠実 ）
□ 19 **ズキン**をかぶる。（ 頭巾 ）
□ 20 電車の**ザセキ**。（ 座席 ）
□ 21 **アイサツ**をする。（ 挨拶 ）
□ 22 **ケイロウ**の日。（ 敬老 ）

**問題** 次の太字のかたかなを漢字に直しなさい。

□ 1 雲が空を**オオ**う。（ 覆 ）
□ 2 鏡に姿が**ウツ**る。（ 映 ）
□ 3 商店を**イトナ**む。（ 営 ）
□ 4 山を**コ**える。（ 越 ）
□ 5 ボタンを**オ**す。（ 押 ）
□ 6 **タシ**かな判断。（ 確 ）
□ 7 **ツメ**を切る。（ 爪 ）
□ 8 **タテ**に並ぶ。（ 縦 ）
□ 9 考えを**ノ**べる。（ 述 ）
□ 10 列が**ミダ**れる。（ 乱 ）
□ 11 **ウタガ**いをもつ。（ 疑 ）

□ 12 大切な**タカラ**。（ 宝 ）
□ 13 手を**ニギ**る。（ 握 ）
□ 14 わなに**オチイ**る。（ 陥 ）
□ 15 木の**ミキ**。（ 幹 ）
□ 16 **アザ**やかな色彩。（ 鮮 ）
□ 17 とても**オドロ**く。（ 驚 ）
□ 18 **カ**け足で進む。（ 駆 ）
□ 19 山の**イタダキ**。（ 頂 ）
□ 20 友を家に**マネ**く。（ 招 ）
□ 21 長い紙を**マ**く。（ 巻 ）
□ 22 出発が**ノ**びる。（ 延 ）

得点アップ

◎書き方に注意する漢字
▶跡→「亦」を「赤」にしない，俺→「电」を「曳」にしない，
却→「卩」を「阝」にしない，恭→「⺗」を「小」にしない

# 6 漢字の成り立ち

**問題** 次の漢字の成り立ちの説明をあとからそれぞれ
選んで，記号で答えなさい。

□ 1 象形文字　　□ 2 指事文字
□ 3 会意文字　　□ 4 形声文字

ア 意味（形）を表す文字と音（声）を表す文字を
組み合わせてできた別の文字。
イ 物の形をかたどって作られた文字。
ウ 2つ以上の文字を組み合わせ，別の意味を
表した文字。
エ 具体的な形で表せない事柄を，点や線など
記号を使って表した文字。

**問題** 次の漢字の成り立ちをあとからそれぞれ選んで，
記号で答えなさい。

□ 5 月　　□ 6 花　　□ 7 上　　□ 8 林
□ 9 本　　□ 10 解　　□ 11 洗　　□ 12 耳

ア 指事文字　　イ 形声文字
ウ 象形文字　　エ 会意文字

**問題** 次の漢字を組み合わせて会意文字を作りなさい。

□ 13 石＋山　　□ 14 月＋日　　□ 15 木＋人
□ 16 田＋力　　□ 17 手＋目　　□ 18 立＋羽

得点
アップ
UP

◎漢字の成り立ちのポイント
▶漢字の成り立ちについては，説が一定しない漢字もある。漢字の成り
立ちの説明をしっかり理解しておくことが大切。

解答

| | | |
|---|---|---|
| 1 イ | 2 エ | |
| 3 ウ | 4 ア | |

**解説** 4「形声文字」は，たとえば「板」なら「反」が音を表し，「木」が意味を表している。
漢字を成り立ちや使い方で分類した「六書」には 1 ～ 4 の他に，漢字の本来の意味を別の意味に転用した「転注文字」と，ある言葉を表す漢字がないため同音の漢字を借りて表した「仮借文字」がある。

| 5 ウ | 6 イ |
|---|---|
| 7 ア | 8 エ |

**解説** 7「上」は横棒の上に「・（点）」があることで「うえ」を表している。

| 9 ア | 10 エ |
|---|---|

**解説** 10「解」は「刀」＋「牛」＋「角」。刀で牛を裂くことを表す。

| 11 イ | 12 ウ |
|---|---|
| 13 岩 | 14 明 |
| 15 休 | 16 男 |
| 17 看 | 18 翌 |

社会　理科　数学　英語　国語

149

# 7 部首

**問題** 次の漢字の部首名をあとからそれぞれ選んで，記号で答えなさい。

□1 海　□2 定　□3 登　□4 秋

□5 交　□6* 利　□7 都　□8* 陸

ア のぎへん　　イ うかんむり

ウ おおざと　　エ はつがしら

オ さんずい　　カ こざとへん

キ なべぶた　　ク りっとう

**問題** 次の漢字の部首をあとからそれぞれ選んで，記号で書きなさい。

□9 堅

ア 一　イ 臣　ウ 又　エ 土

□10 幅

ア 巾　イ 一　ウ 口　エ 田

□11 薄

ア 艹　イ 氵　ウ 丶　エ 寸

□12 較

ア 車　イ 龸　ウ 八　エ 又

**問題** 次の漢字に共通してつけることができる部首は何か。その部首の名前を書きなさい。

□13 （皮・少・包）　□14 （井・玉・木）

□15 （丙・皮・正）　□16 （反・束・周）

## 解答

| 1 | オ | 2 | イ |
|---|---|---|---|
| 3 | エ | 4 | ア |
| 5 | キ | 6 | ク |

**解説** 5「けいさんかんむり」ともいう。

| 7 | ウ | 8 | カ |
|---|---|---|---|

**解説** 7・8「阝」が右にあるなら「おおざと」，左にあるなら「こざとへん」。

9 エ
**解説** 部首名は「つち」。

10 ア
**解説** 部首名は「はばへん・きんべん」。

11 ア
**解説** 部首名は「くさかんむり」。

12 ア
**解説** 部首名は「くるまへん」。

13 いしへん

14 くにがまえ

15 やまいだれ

16 しんにょう
（しんにゅう）

**◎よく出る部首**

▶社（しめすへん），複（ころもへん），等（たけかんむり），底（まだれ），
厚（がんだれ），点（れんが・れっか），行（ぎょうがまえ・ゆきがまえ）

# 8 言葉の単位

重要度
☆☆☆

問題 次の言葉の説明をあとからそれぞれ選んで，記号で答えなさい。

□ 1　文章　　□ 2　段落　　□ 3　文
□ 4　文節　　□ 5　単語

　　ア 文章の中の内容のまとまり。まとまりの始まりは 1 字下げて書く。

　　イ 1 つの完結した内容のまとまりを，文字を使って書き表したもの。

　　ウ まとまった内容を表すひと続きの言葉。終わりに句点(。)をつけることが多い。

　　エ 言葉としての意味を壊さないように分けられた，最小の言葉の単位。

　　オ 言葉の意味を壊さず，発音上不自然にならないように短く区切ったまとまり。

問題 次の文を文節に正しく分けたものをあとから選んで，記号で答えなさい。

□ 6　海で泳ぐ。

　　ア 海で／泳ぐ。　　イ 海／で／泳ぐ。
　　ウ 海で／泳／ぐ。　　エ 海で泳／ぐ。

問題 次の文を単語に正しく分けたものをあとから選んで，記号で答えなさい。

□ 7　犬がほえる。

　　ア 犬／が／ほえる。　　イ 犬が／ほえる。

解答

1　イ

2　ア
解説 段落には，文章の中で 1 字下がって始まるまとまりの形式段落と，意味によるまとまりの意味段落とがある。

3　ウ
解説 句点(。)に注目する。

4　オ
解説 たとえば「星が光る。」という文の文節は「星が(ね)／光る(ね)。」のように 2 文節になる。

5　エ
解説 1 つの文節の中に，いくつかの単語が入ることもある。

6　ア
解説 「海で(ね)／泳ぐ(ね)。」の 2 文節になる。

7　ア
解説 文節で分けると，「犬が(ね)／ほえる(ね)。」の 2 文節になる。

社会｜理科｜数学｜英語｜国語

得点
アップ
UP

◎よく出る言葉の単位
▶ 段落は，1 字下がっているところに着目する。
▶ 文節は，間に「ね」や「さ」を入れて区切るとよい。

# 9 文の成分

重要度 ☆☆☆

**問題** 次の文の——線部の文の成分をあとからそれぞれ選んで，記号で答えなさい。

□ 1 <u>ぼくは</u>，読書をしたい。

□ 2 庭に<u>たくさんの</u>花が咲く。

□ 3 雨がやんだ。<u>だから</u>，外に出かけた。

□ 4 <u>はい</u>，わたしが図書委員です。

□ 5 犬が元気に<u>走る</u>。

　　ア 主語　　　イ 述語　　　ウ 修飾語

　　エ 接続語　　オ 独立語

**問題** 次の文の主語を抜き出しなさい。

□ 6 公園で子どもが遊ぶ。

□ 7 母も楽しそうに笑った。

□ 8 遠くを電車が走る。

**問題** 次の文の述語を抜き出しなさい。

□ 9 彼はテニスの選手だ。

□ 10 彼女は書店で本を買った。

□ 11 今日もきれいだな，空一面の夕焼けは。

**問題** 次の文の——線部の語が修飾している文節を抜き出しなさい。

□ 12 <u>涼しい</u>風が山の方から吹く。

□ 13 頭上に<u>丸い</u>月がある。

□ 14 <u>おそらく</u>明日は晴れるだろう。

□ 15 父が<u>赤い</u>大きな魚を釣った。

### 解答

1　ア

2　ウ

3　エ

4　オ

5　イ

6　子どもが

7　母　も

**解説**「も・だけ」なども主語をつくる語である。

8　電車が

9　選手だ

**解説** 主語は「彼は」。

10　買った

11　きれいだな

**解説**「空一面の夕焼けは，今日もきれいだな。」という形に直すとわかりやすい。

12　風　が

13　月　が

14　晴れるだろう

**解説**「おそらく」は推測の表現（「だろう」など）と呼応する。

15　魚　を

得点
アップ
UP

◎文の成分で注意すること

▶「何が—どんなだ・どうする・ある」と考えて，主語・述語をとらえる。

▶被修飾語の直前からさかのぼって修飾語をとらえる。

# 10 文の組み立て

重要度 ☆☆☆

月　日

**問題** 次の文の──線部の文節の関係をあとからそれぞれ選んで，記号で答えなさい。

- 1 机の上に<u>本と</u> <u>ノート</u>がある。
- 2 室内の明かりが<u>ついて</u> <u>いる</u>。
- 3 <u>大きな</u>鳥がすいすいと空を<u>飛ぶ</u>。
- 4 この問題は<u>意外に</u> <u>易しかった</u>。

　　ア 主語・述語の関係
　　イ 修飾・被修飾の関係
　　ウ 並立（へいりつ）の関係
　　エ 補助の関係

**問題** 次の文の──線部の連文節の文の成分をあとからそれぞれ選んで，記号で答えなさい。

- 5 海は<u>青くて深い</u>。
- 6 <u>父の生まれたところは</u>，東京都です。
- 7 <u>朝になったので</u>，カーテンを開けた。

　　ア 主部　　イ 述部　　ウ 修飾部
　　エ 接続部　　オ 独立部

**問題** 次の文の修飾部をあとから選んで，記号で答えなさい。

- 8 私は 100 年前の本を入手した。

　　ア 私は　　イ 私は 100 年前の
　　ウ 100 年前の本を　　エ 本を入手した

得点
アップ
UP

◎文節どうしの関係と連文節
▶並立の関係と補助の関係の文節は，ひとまとまりで連文節を作る。
　例 並立の関係→ 私と 君は 友人だ。（　　　は主部）

社会

理科

数学

英語

国語

解答

1　ウ
解説 「本と」と「ノートが」の2つが対等の関係で並んでいる。

2　エ
解説 「いる」が，本来の存在するという意味ではなく，「ついて」に補助的な意味を付け加えている。

3　ア

4　イ

5　イ
解説 「どんなだ」の働きをになった連文節となっている。連文節は主語・述語・修飾語などの働きをする，2つ以上の文節のまとまり。

6　ア
解説 「何は」の働きをになった連文節になっている。

7　エ

8　ウ
解説 「私は（主語）／100年前の本を（修飾部）／入手した（述語）。」という組み立てになっている。

153

# 11 単語の分類 ①

**問題** 次の文から活用する自立語と活用する付属語をそれぞれ抜き出しなさい。ただし，自立語／付属語の順に答えること。

- □ 1　荷物を運んできました。
- □ 2* 昨日は雨が降らなかった。
- □ 3　私はいつも7時に起きます。
- □ 4* ぼくは静かに先生の指示を待った。

**問題** 次の文から活用する単語を抜き出し，その品詞名も答えなさい。

- □ 5　田舎には豊かな自然が多い。
- □ 6　私がこのケーキをつくりました。
- □ 7* 風邪をひかないようにしよう。
- □ 8　小さな子どもが公園で遊んでいるそうだ。

**問題** 次の文の——線部を自立語と付属語に分け，それぞれ記号で答えなさい。ただし，自立語／付属語の順に答えること。

- □ 9　ア図書館 イから ウ借り エて オき カた キ本 クを ケ読む。
- □ 10　ア私 イは ウ友だち エに オ教科書 カを キ貸し クまし ケた。
- □ 11　ア母 イから ウ聞い エた オが，カ明日 キは ク雪 ケが コ降る サそうだ。

## 解答

1　運ん・き／まし・た

2　降ら／なかっ・た

3　起き／ます

4　静かに・待っ／た

5　豊かな・形容動詞，多い・形容詞

6　つくり・動詞，まし・助動詞，た・助動詞

7　ひか・動詞，ない・助動詞，ように・助動詞，し・動詞，よう・助動詞

8　遊ん・動詞，いる・動詞，そうだ・助動詞

9　アウオキケ／イエカク

10　アウオキ／イエカクケ

11　アウカクコ／イエオキケサ

---

**得点アップUP**

◎自立語と付属語

▶自立語…単独で文節を作ることができる。1文節に必ず1つだけある。

▶付属語…単独で文節を作ることができない。自立語のあとにつく。

# 12 単語の分類 ②

重要度
☆ ☆ ☆

**問題** 次の各組の単語の中から，品詞の種類が異なる
ものをそれぞれ一つ選びなさい。

- □ 1 悲しむ　めがね　走る　ある
- □ 2 小さい　優しい　高い　先輩（せんぱい）
- □ 3 明日だ　安心だ　台風だ　勇者だ
- □ 4 いる　に　から　より

**問題** 次の文の──線部の品詞をあとからそれぞれ選んで，記号で答えなさい。

- □ 5 ノートにはっきり文字を書く。
- □ 6 カレンダーを壁（かべ）にかける。
- □ 7 食後にデザートを食べる。
- □ 8 苦い薬は飲みづらい。
- □ 9 試験会場の中はとても静かだ。

　　ア 動詞　　　イ 形容詞　　ウ 形容動詞
　　エ 名詞　　　オ 副詞　　　カ 連体詞
　　キ 接続詞　　ク 感動詞　　ケ 助詞
　　コ 助動詞

**問題** 次の文の──線部と同じ品詞のものをあとから
選んで，記号で答えなさい。

- □ 10 この答えは間違（まちが）っているかもしれない。
　　ア きれいだった。　　イ すてきだった。
　　ウ 走っていた。　　　エ 親切だった。

## 解答

1 **めがね**
解説 「めがね」は名詞。他は動詞。

2 **先輩**
解説 「先輩」は名詞。他は形容詞。

3 **安心だ**
解説 「安心だ」は形容動詞。他は「名詞＋だ」。

4 **いる**
解説 「いる」は動詞。他は助詞。

5 **ア**
解説 「書く」は動作を表すので動詞である。

6 **エ**　7 **ケ**

8 **イ**
解説 形容詞は，言い切りの形が「～い」である。

9 **ウ**
解説 形容動詞は，言い切りの形が「～だ」である。

10 **ウ**
解説 「間違っ」は，「間違う」という動詞。同様に，「走っ」は，「走る」という動詞。他は形容動詞である。

**◎品　詞**

▶品詞…単語を文法上の性質によって分類したもの。まず自立語と付属
語に分かれ，さらにそれぞれ活用するかしないかで分かれる。

155

# 13 指示語

**問題** 次のこそあど言葉にあてはまる説明を，あとからそれぞれ選んで，記号で答えなさい。

□ 1 これ・この　　□ 2 それ・その

□ 3 あれ・あの　　□ 4 どれ・どの

　　ア 聞き手に近いものを指す。

　　イ 話し手に近いものを指す。

　　ウ 話し手からも聞き手からも遠いものを指す。

　　エ はっきりわからないものを指す。

**問題** 次の文の（　　）にあてはまる語をあとからそれぞれ選んで，記号で答えなさい（同じ記号は二度使えません）。

□ 5 （　　　　）は，父が撮った家族写真です。

□ 6 （　　　　）話は信じられない。

□ 7 （　　　　）に見えるのが東京タワーです。

□ 8 最寄りの駅は（　　　　）ですか？

　　ア どこ　　イ そんな

　　ウ これ　　エ あちら

**問題** 次の文の——線部の品詞をあとからそれぞれ選んで，記号で答えなさい。

□ 9 駅で待ち合わせた。私はそこで本を買った。

□ 10 忘れ物があると，彼はそう言った。

　　ア 名詞　　イ 連体詞

　　ウ 副詞　　エ 形容動詞

## 解答

1　イ

2　ア

3　ウ

4　エ

**解説** 近称・中称・遠称・不定称の最初の字が「こ」「そ」「あ」「ど」であることから，指示語は「こそあど言葉」とも呼ばれる。

5　ウ

**解説** 手元に写真があると読み取れるので，近称の「これ」があてはまる。

6　イ

7　エ

**解説** 話し手からも聞き手からも遠いので，「あちら」になる。

8　ア

9　ア

**解説** 「そこ」は「駅」を指す。

10　ウ

**解説** 他に「こう・ああ・どう」がある。

---

**◎指示語**

▶具体的な名称のかわりに，物や場所を指し示す。

▶指示語の品詞は，名詞（代名詞）・連体詞・副詞・形容動詞の4つ。

# 14 接 続 語

重要度
☆☆☆

問題　次の文の——線部の接続語の種類について，あ
とからそれぞれ選んで，記号で答えなさい。

□ 1　大声で彼を呼んだ。<u>しかし</u>，返事はなかった。

□ 2　おはようございます。<u>さて</u>，授業を始めます。

□ 3　今日は雨だ。<u>だから</u>，家にいよう。

□ 4　早起きをした。<u>そして</u>，散歩に行った。

□ 5＊　入場料は 1000 円です。<u>ただし</u>，子どもは 500 円
です。

□ 6　ご飯が好きですか。<u>それとも</u>，パンですか。

　　ア 順接　　イ 対比・選択　　ウ 並立・累加
　　エ 逆接　　オ 補足・説明　　カ 転換

問題　次の文の（　　）にあてはまる接続語をあとから
それぞれ選んで，記号で答えなさい。

□ 7　山頂に着きました。（　　　）少し休みましょう。

□ 8　問題は解決した。（　　　）まだ気を抜くな。

□ 9　弟は絵が得意だ。（　　　）歌もうまい。

□ 10＊　ここはフランスの首都，（　　　）パリだ。

□ 11　電気が点滅した。（　　　）突然真っ暗になった。

□ 12　鉛筆，（　　　）ペンで記入してください。

　　ア すなわち　　イ すると　　ウ そのうえ
　　エ もしくは　　オ では　　カ だが

## 解答

1　エ

**解説** 呼んだら返事がある
のが普通だが，返事がなか
ったので逆接になる。

2　カ

3　ア

4　ウ

5　オ

**解説** 入場料について，例
外があることを補足・説明
している。

6　イ

7　オ

**解説** 話題が変わっている
ので，転換の役割の接続語
が入る。

8　カ

9　ウ

10　ア

11　イ

**解説** 点滅していたことか
ら，電気が切れかけていた
ことがわかる。

12　エ

得点
トップ
UP

◎接続語
▶前後の語句や文，段落をつなぐはたらきをする。
▶順接／逆接／並立・累加／対比・選択／補足・説明／転換の役
割がある。

# 15 詩の形式と表現技法

重要度
☆ ☆ ☆

**問題** 詩で行分けされている意味上のまとまりを何と
いいますか。次から選んで，記号で答えなさい。

□ 1　ア 段落　　イ 連　　ウ 文章

**問題** 昔の書き言葉で書かれている詩を何といいます
か。次から選んで，記号で答えなさい。

□ 2　ア 口語詩　　イ 文語詩

**問題** 次の詩について説明しているものをあとからそ
れぞれ選んで，記号で答えなさい。

□ 3 定型詩　　□ 4 自由詩

　　ア 行の音数に一定の決まりがない詩。

　　イ 行の音数に一定の決まりがある詩。

**問題** 詩で，作者の感情を中心に書いた詩を何という
か。次から選んで，記号で答えなさい。

□ 5　ア 叙情詩　イ 叙事詩　　ウ 叙景詩

**問題** 次の表現技法の説明をあとからそれぞれ選んで，
記号で答えなさい。

□ 6 体言止め　　□ 7 倒置　　□ 8 擬人法
□ 9 直喩　　□ 10 隠喩

　　ア 行の終わりを体言（名詞）で終える。

　　イ たとえの言葉を使ってたとえる。

　　ウ たとえの言葉を使わないでたとえる。

　　エ 言葉の順序を入れかえる。

　　オ 人ではないものを人にたとえる。

## 解答

**1** イ
**解説** 「連」は一行空きで
示されることが多い。

**2** イ
**解説** 現代の言葉で書かれ
た詩なら，「口語詩」。

**3** イ
**解説** 定型詩には「五七
調」「七五調」などがある。

**4** ア
**解説** 普通の文章のように
文を続けて書いた詩は「散
文詩」という。

**5** ア
**解説** 「叙景詩」は自然の
風景を，「叙事詩」は歴史
的な事件や神話などを書い
た詩。

**6** ア

**7** エ
**解説** 「空を見よ」を「見
よ空を」というように入れ
かえるのが「倒置」である。

**8** オ

**9** イ
**解説** 「まるで」「ように」
などがついたら直喩。

**10** ウ

得点
アップ
UP

⊙詩のポイント

▶詩の種類を表すときは，「文語定型詩・口語自由詩」のように，用いら
れている言葉の分類と形式上の分類をあわせることが多い。

# 16 古文の基礎 ①

重要度
★ ★ ★

**問題** 次の歴史的仮名遣いを，それぞれ現代仮名遣いに直しなさい。

- □ 1　こゑ
- □ 2　はぢ
- □ 3＊　けふ
- □ 4＊　やうやう
- □ 5　をかし
- □ 6　まづ
- □ 7　やむごと
- □ 8　悲しう
- □ 9＊　てふ
- □ 10　あはれ
- □ 11　ゐなか
- □ 12　くわんげん
- □ 13　たまふ
- □ 14　こほり
- □ 15　つかひ

**問題** 次の古語の意味をあとからそれぞれ選んで，記号で答えなさい。

- □ 16＊　あやし（怪し・奇し）
- □ 17＊　おどろく
- □ 18　あきらむ（明らむ）
- □ 19＊　つとめて
- □ 20　やうやう（漸う）
- □ 21　やさし
- □ 22　あく（飽く）
- □ 23　おとなし
- □ 24　ながむ（眺む）
- □ 25　さうざうし
- □ 26　ありがたし
- □ 27　あからさまなり
- □ 28　かしづく
- □ 29　けはひ

　　ア　だんだんと
　　イ　明らかにする
　　ウ　早朝
　　エ　大切に育てる
　　オ　目を覚ます
　　カ　肩身が狭い
　　キ　思慮分別がある
　　ク　物足りない
　　ケ　珍しい
　　コ　様子
　　サ　ほんのちょっと
　　シ　物思いにふける
　　ス　不思議だ
　　セ　満足する

## 解答

| 1 | こ　え |
| --- | --- |
| 2 | は　じ |
| 3 | きょう |
| 4 | ようよう |
| 5 | おかし |
| 6 | ま　ず |
| 7 | やんごと |
| 8 | 悲しゅう |
| 9 | ちょう |
| 10 | あわれ |
| 11 | いなか |
| 12 | かんげん |
| 13 | たもう |
| 14 | こおり |
| 15 | つかい |

| 16 | ス | 17 | オ |
| --- | --- | --- | --- |
| 18 | イ | 19 | ウ |
| 20 | ア | 21 | カ |
| 22 | セ | 23 | キ |
| 24 | シ | 25 | ク |
| 26 | ケ | 27 | サ |
| 28 | エ | 29 | コ |

社会
理科
数学
英語
国語

得点
アップ
UP

◎歴史的仮名遣い

▶歴史的仮名遣いを現代仮名遣いにする場合の規則を理解する。

▶現代仮名遣いにない文字（ゐ・ゑ）や，発音・表記が異なるものに注意。

# 17 古文の基礎 ②

重要度
☆☆☆

**問題** 一月から十二月の異名を漢字で答えなさい。

- □ 1 一月
- □ 2 二月
- □ 3 三月
- □ 4 四月
- □ 5 五月
- □ 6 六月
- □ 7 七月
- □ 8 八月
- □ 9 九月
- □ 10 十月
- □ 11 十一月
- □ 12 十二月

**問題** 次の現代語にあたる古語をあとからそれぞれ選んで，記号で答えなさい。

- □ 13 ますます
- □ 14 望ましい
- □ 15 甚だしい
- □ 16 似つかわしい
- □ 17 かわいい
- □ 18 奥ゆかしい

　　ア いとど　　イ つきづきし
　　ウ らうたし　エ あらまほし
　　オ いみじ　　カ こころにくし

**問題** 次の文の──線部を，現代語に訳しなさい。

- □ 19 「もの知らぬことなのたまひそ。」とて，…
- □ 20 いとやむごとなききははにはあらぬが，…
- □ 21 言はまほしきこともえ言はず，…
- □ 22 いとうつくしうてゐたり。
- □ 23 上人の感涙いたづらになりにけり。
- □ 24 和歌こそなほをかしきものなれ。

得点
アップ
UP

**◎古　語**

▶古語には，現代語とは意味が異なるものがあるので正確に暗記する。
▶古語を現代の意味に直して，文の意味をつかめるようにする。

## 解答

| | | | |
|---|---|---|---|
| 1 | 睦月 | 2 | 如月 |
| 3 | 弥生 | 4 | 卯月 |
| 5 | 皐月 | 6 | 水無月 |
| 7 | 文月 | 8 | 葉月 |
| 9 | 長月 | 10 | 神無月 |
| 11 | 霜月 | 12 | 師走 |
| 13 | ア | 14 | エ |
| 15 | オ | 16 | イ |
| 17 | ウ | 18 | カ |

19 おっしゃるな
**解説**「な＋動詞＋そ」で禁止を表す。

20 高貴な身分

21 言うことができず
**解説**「え～（打ち消し語）」で不可能を表す。

22 とてもかわいらしい様子で

23 無駄になってしまった

24 趣があるもの

中1 5科
社会
理科
数学
英語
国語
一☆問☆一答

 受験研究社